U0398979

Power Presentations on the Business Stage

魅力商业演讲

〔美〕娜萨莉·唐妮特（Nathalie Donnet）著
〔美〕艾素珊（Arielle Emmett, Ph.D.）
〔美〕罗威娜·艾米特（Rowena Emmett）修订
张帅 译

北京大学出版社
PEKING UNIVERSITY PRESS

著作权合同登记号 图字:01－2013－2987

图书在版编目(CIP)数据

魅力商业演讲/(美)娜萨莉·唐妮特(Nathalie Donnet)著；(美)艾素珊(Arielle Emmett,Ph. D.)，(美)罗威娜·艾米特(Rowena Emmett)修订．—北京：北京大学出版社，2019. 1
ISBN 978－7－301－26853－7

Ⅰ. ①魅… Ⅱ. ①娜… ②艾… ③罗… Ⅲ. ①商务—演讲—语言艺术 Ⅳ. ①F7 ②H019

中国版本图书馆 CIP 数据核字(2016)第 025063 号

书　　名　魅力商业演讲
　　　　　MEILI SHANGYE YANJIANG
著作责任者　〔美〕娜萨莉·唐妮特(Nathalie Donnet)　著
　　　　　〔美〕艾素珊(Arielle Emmett,Ph. D.)
　　　　　〔美〕罗威娜·艾米特(Rowena Emmett)　修订
　　　　　张　帅　译
责任编辑　颜克俭
标准书号　ISBN 978－7－301－26853－7
出版发行　北京大学出版社
地　　址　北京市海淀区成府路 205 号　100871
网　　址　http://www.pup.cn　新浪微博　@北京大学出版社
电子信箱　zyjy@pup.cn
电　　话　邮购部 010－62752015　发行部 010－62750672
　　　　　编辑部 010－62704142
印 刷 者　三河市北燕印装有限公司
经 销 者　新华书店
　　　　　880 毫米×1230 毫米　32 开本　7.5 印张　164 千字
　　　　　2019 年 1 月第 1 版　2019 年 1 月第 1 次印刷
定　　价　45.00 元

We dedicate this book to the memory of our mother, Nathalie Donnet—brilliant, loving, and irreplaceable.

—Arielle Emmett, Ph. D. & Rowena Emmett

谨以此书,纪念我们才华横溢、充满爱心、无可替代的母亲,娜萨莉·唐妮特。

——艾素珊博士,罗威娜·艾米特

中文版前言

《魅力商业演讲》一书的原版作者是娜萨莉·唐妮特(Nathalie Donnet)女士。她是我的母亲,来自纽约,是一位优秀的女演员及戏剧导演。本书英文版由唐妮特执笔于三十多年前,当时正值我的女儿出生。

唐妮特曾是一位戏剧首演的表演教练和老师,她职业生涯的后期任职于加拿大麦克马斯特大学,教授戏剧。在积累了丰富的戏剧行业工作经验之后,她研发了一套独特的公共演讲艺术方法。她的学生中不乏美国和加拿大最具权威的投资顾问、首席执行官、科学家、内科医生、销售总监以及非营利组织的负责人。唐妮特将她智慧的精髓汇集成了这本小巧而实用的手册。

八年前当我执教北京时,发现她的演讲技巧对于学习演讲的中国年轻人很有帮助。如何构建好演讲框架,如何克服演讲中的紧张感,如何组织好内容重点,如何让演讲别具一格且兼具权威性和影响力——所有这些目标对于最开始羞于演讲的人来说都貌似难以实现。但是通过练习唐妮特的表演技巧,这些学生改善了语音语调和肢体语言,利用有说服力的、有条理的论据使得自己的演讲滴水不漏。这些人都成为自信的演说家,充分说服了他们的听众,有时甚至对听众起到了鼓舞的作用。我很惊叹于这些技巧的显著效果,于是决定和我得力的资深翻译张帅女士及北京大学出版社联手将唐妮特的书带给中国的学生和专业人士。

如今,我自己的女儿已成为一位有成就的推销员和演说家,并任职美国盐湖城万豪酒店集团活动策划和运营部总监。我的姐姐罗威娜·艾米特(Rowena Emmett)曾是一名演员,现在是一位成功的房地产经纪人。她在本书中补充了诸多技巧,帮助学生增强演讲说服力,教会他们如何将自我的真实风格呈现于讲台。最后,作为一名新闻学、研究及公共演讲教授,我本人为本书添加了几章新内容,以使中国演讲者更好地跨越语言、语法、发音及复杂的演讲表现方面的障碍。

如上所述,本书是所有相关人士共同努力的结晶!母亲唐妮特在世时是一位优秀的教师,希望若她在天获知本书的出版,也会以此为豪。

祝您的演讲之旅好运!

艾素珊博士

美国记者与作家协会会员

《史密森尼航空航天杂志》特约编辑

肯尼亚富布赖特学者,2018—2019

2018 年 5 月

目　　录

第三部分　致中国读者

引言

演讲如演戏。一场精彩的演讲如同一部好戏一般让人难忘。亚伯拉罕·林肯（Abraham Lincoln）、温斯顿·丘吉尔（Winston Churchill）以及约翰·F. 肯尼迪（John F. Kennedy）的演讲曾让世人震撼，这并不仅仅是因为这些演讲本身的内容，还要归功于其中所展现出的夸张的戏剧风格和表演元素。

无论是推销价值百万美元的软件，营销化妆品，去见招聘方或是应聘人员，还是想在年度晚宴上对公司总裁奚落打趣一番，你都需要通过话语进行表达。本书旨在帮助你以一种主旨明确、充满活力、生气勃勃的方式进行演讲，留给观众无穷回味，为你赢得满堂喝彩。

我这里要讲的是所谓的“明星气质”；正是这种气质成就了“魅力演讲”。之所以用“明星气质”这个词是有原因的。我在美国和加拿大开办“高效演讲”研习班时就意识到，一场令人满意的演讲和一场真正让观众为之狂热的演讲的区别就在于演讲是否闪耀着戏剧性的神奇色彩。毕竟，只有当你和观众建立起最高效的沟通之时，你才真正推广了自己的理念。这时你们实现了相互连接，如同观众和大明星之间产生了强烈的共鸣一般。

“明星”不但要掌握有效的素材，还要掌握一定的技巧来表现这些素材。“剧本”要引人入胜，使人信服，而技巧则如同雕刻家手中的工具一般能够凿去冗石,让迷人而富于创意的个性显现出来。最后,剧场,连同布景、道具、灯光和观众,所有这些对于一场成功的演讲来说都是同等重要的。

一位学过表演的商人曾宣称,他的演讲之所以获得成功,是因为他能在观众面前"变成另一个人"。我不确定这种现象是否真的会发生,除了在演员的心中。想想那些杰出的性格演员,如亚利克·基尼斯爵士(Sir Alec Guinness)和本·金斯利(Ben Kingsley)先生,他们都是以演绎出非本色性格角色的个性和风格而成名的演员。简而言之,他们通过内心的体验,以外在的表现很好地诠释了角色特点。有些性格演员甚至觉得自己会像所饰演的角色一样去思考问题了。但是,请记住,无论基尼斯和金斯利饰演什么角色,他们都从未失掉自己的本色,就像我们也绝不曾见过失去本色的凯瑟琳·赫本(Katherine Hepburn)和英格丽·褒曼(Ingrid Bergman)一样。

正所谓,一个人所拥有的独一无二的事物便是自己。要想在商业的舞台上呈现一场充满魅力的"演出",你必须学会在演讲中让自己的个性无拘无束地驰骋。

0.1 完整的训练方法

本书为商业演讲提供了一套完整的训练方法。它会指导你如何准备和排练演讲,如何安排和控制环境,还给出了完整的训练方法,使你在声音和气息控制、肢体动作和手势等各方面获得高超的表达技巧。另外,再加上表演训练,就可以打造出独具个人魅力的演讲风格,让你的演讲破茧成蝶。

我曾见证了这种训练方法的诸多成功案例。一次,一位年轻的语言病理学家找到我,想请我培训她。原因如她所说:“无论会议大小,我发言的时候没有人专心听我讲。”而如今,她已成为语言病理学领域的领军人物,指导整个多伦多地区的语言病理学治疗和培训。她不但指导着全区的语言病理医生,而且在安大略省以及加拿大其他各地举办颇受欢迎和好评的研讨会。

还有一位成功的金融公司的领导也对我的培训印象深刻,以至于他现在要求所有的员工都来参加我的培训。培训效果颇丰,他的营销团队的业绩获得攀升,公司也取得了更为显著的成绩。

我教过各行各业的人如何润色、完善演讲,包括投资家、牙医、警察、销售员、股票经纪人、金融分析师、政府官员和行政管理人员等。我发现,其实每一个人都有潜力献上精彩的演讲,因为只要经过训练和学习,一个人的“明星气质”是可以被发掘并内化成自己的一部分的。

0.2　通向成功的路径

本书第一部分涵盖了准备和发表演讲的全部基本要素。没有浮文虚谈,也无须烦琐的准备工作。这种简单易学的训练方法将帮助你掌握挖掘主题、组织内容、运用视听道具等各种技巧,而最重要的是,它将帮助你提高演讲表达技巧。你还会学到如何在一开场就抓住观众的注意力,如何通过对素材的编排让大家一直保持兴趣,从而得以推销自己的理念,最后通过出色的收尾获得理想的效果。这一部分从如何做好演讲的万全准备心理状态开始;紧接着讲到如何进行预演及正式演出。“演出”,我要用的就是这个词,因为演讲就是“演出”,一场激动人心的演出,由剧本、灯光、布景、服装和观众共同完成。

只要遵循第一部分的那些建议，你可以做一场不错的演讲了。不过，为何要在臻于辉煌之前就止步呢？要记住，舞台上一场一流的演出背后，一定是年复一年对声音和形体的训练，以及无数表演课上对技巧的锤炼。这样的训练对你这个演讲者来说同样必要。毕竟，无论你对演讲内容准备得多么完善，倘若没有掌握表达的技巧，最终的成功也会离你而去。

第二部分指导你通过基础的戏剧训练，改进你的声音、语言、姿势、动作和手势，并帮你克服演出前的紧张感。你将学会如何分解一个段落，以把握其意义、重点、声调、停顿、可变性和节奏。习得专注也将给你带来益处，没有它，想做好任何事都困难。另外，你会学到如何借助表演训练将你的全部所学先经内化，再展现出来，这样你的表演看起来就会自信而不做作。最后，你将能够表达出你的观点，实现自己的目标，并且有十足的说服力。总有一天，人们会期待聆听你的演讲。你的音域将会拓宽，声音更加抑扬顿挫，并充满着能量和激情。

0.3 达到明星境界

要真正给你的演讲注入“明星气质”，就不要循次依序地阅读本书。而是请先读第一部分的第一章，然后读第二部分的第一章，这样你就能开始着手做一些练习了。接下来回到第一部分，继续如此交替阅读下去，直至读完本书。记得按顺序做书里的活动和练习，因为它们的设计是循序渐进的，前面的练习是后面的基础。在充分掌握这些练习之后，就可以有规律地进行声音、语言及身体的训练了。这样的训练能让人心情舒畅地开始美好的一天，或者让人在傍晚之时尽情放松身心。

第一部分和第二部分的训练同时开展是很关键的。第一部分是关于演讲稿的，第二部分是关于演讲技巧的，两部分相辅相成。优秀的演员为了表演好有挑战性的角色都会在家中或排练时努力钻研剧本，同时兼顾对声音的打磨。如果遇上不常见的语言要求，如不熟悉的方言或韵律形式，还会寻求特别辅导。另外，如果角色在身体条件方面有要求，演员还会参加舞蹈、肢体动作、击剑、举重训练等培训班，或者参加耐力集训班。

在舞台演出之外，你还有演讲稿的构思和创作这一更为艰巨的任务，这方面不要试图走捷径。准备工作要做到一丝不苟。只有完备的演讲稿和完善的技巧二者结合，才能催生一场“魅力”演讲及其中所洋溢的“明星气质”。

第一部分

为演讲作准备

第1章　明确自身角色,列出讲稿大纲

发掘主题

阐明目标

选定主题、重要主题和论证过程

分析观众

收集论据

引导观众的行动

组织材料

当有人邀请你做一场演讲时,不管你是讲坛老将还是新手,这些感觉都很可能渗入你的机体——胃痉挛、恐慌、心悸、流汗、头痛、失眠,有时甚至伴随着噩梦。这并不只是你一个人才有的感受。

美国百事可乐公司前总裁罗杰·恩里科(Roger Enrico)每次演讲之前都会给自己讲一个笑话来放松自己;基德尔皮博迪投资银行公司副总裁桑德拉·麦考利(Sandra Macaulay)每天锻炼身体,就为了舒缓紧张的神经。甚至连每月能收到二十封演说邀请函的惠普公司总裁约翰·扬(John Young),为了做好其中应约的几场演讲,也会在家中大声朗读演讲稿。①

但是不必灰心。恰当的准备会帮你镇定不安的神经(见

① "Labor Letter", *The Princeton Journal*, 17 Sept. 1985.

图1-1)。你会发现,不管是普通的演讲,还是某个领域的专业报告,都不是折磨人的诅咒(the ordeal of the damned)。你甚至会发现自己其实乐在其中。因为,说到底,我们每个人骨子里都有那么一点演员的天赋。

图1-1 充分的研究、准备和排练能让你的演讲掷地有声、主旨明确

那么,你该从哪里开始呢?

1.1 组织话题

时下崇尚扼要之风(encapsulated philosophies),对于如何做一场成功的演讲,我想不出有比这段老话更恰当的指引了:

> 告诉他们你打算讲些什么。
>
> 讲给他们。

告诉他们你刚刚讲了什么。

但是,在你还没“告诉他们”任何事之前,你务必要选好自己所扮演的角色。

1.1.1 阐明目标

问问自己这场演讲的由头是什么。你是要推销什么东西?或是让董事会确信你所提的是最佳方案?是想让中层主管认可你的新方法?或是想劝诱你的观众为新的艺术画廊掏腰包?是想用你作为基金经理人的历史业绩打动潜在客户?抑或是想劝固执之人放手一搏?

清晰明确的目标能保证你不迷失方向,确保演讲的成功。

1.1.2 选定主题、重要主题和论证过程

仔细地设立了目标之后,你就可以确立演讲的主题或中心思想,并思考如何令人信服地支撑这个观点(见图1-2)。为此,你要问自己两个问题:

①我要证明什么?

②我怎样证明它?

我把这称为基本评估测试(Basic Evaluation Test,BET)。要回答这两个问题,你首先要确立主题,准备好基本材料。接下来文中的分论点或重要主题都应该和主题相关。下面几个例子阐明了这一步骤。

【例1-1】 你的目标是推动观众投资佐科共同基金(Zonko Mutual Funds)。你的主题(我要证明什么?)是想说明佐科共同基金相比市场上其他基金拥有更大的升值空间和更强的稳定性。那么,你

要怎么证明这一点呢？

- 你可以举例说明佐科过去二十年来取得的成就和进步；
- 你可以通过图表来阐明在1966年投资佐科的1 000美元能够在今天获得怎样的收益；
- 你可以举例说明客户在投资佐科后极其满意；
- 你可以描述没有买佐科的人遭遇了怎样的损失。

【例1-2】 作为市里一家著名杂志的代表，你的目标是说服一家大型专卖店在该杂志上刊登广告。那么，主题便是该杂志是年轻、高薪、商人和专业人士的首选刊物，而他们正是这类专卖店的目标客户。

图1-2 人们在准备演讲时心里会有不同的目标。不管你的目标是什么，一定要做好基本评估测试。问问自己："我要证明什么？"以及"我怎样证明它？"

你要怎样证明这一点呢？

- 通过发行数据解释说明哪些是优质客户；
- 通过目标客户（年轻、高薪、商务和专业人士）寄给编辑部的

信件说明他们对刊物的喜爱;

- 通过同类广告客户写给业务经理的信件说明他们对于广告刊登效果十分满意。

重要主题:预计本杂志将在目标市场增加30%的发行量。

你要怎么证明这一点?

- 展示对上述市场规模的分析;
- 说明杂志内容的编写方向是如何根据目标市场的情况而制定的;
- 用曲线图说明该市场发行量上升的趋势。

不要在演讲中堆砌不必要的背景材料。所有基本评估测试范围之外的材料都是多余的,它们只会遮蔽目标,迷惑观众。思考一下下面这两位农民听政客竞选演讲的故事:

一位农民说:"你知道他在说啥吗?"

另一位农民说:"不知道。没说啥。"

活动

找出一篇正式演讲稿或模拟演讲稿,写下目标、主题、重要主题以及论证过程。按照基本评估测试的标准逐项检查,看它们是否符合正轨。

1.1.3 分析观众

你可能注意到你跟下属讲话的方式和你跟上司讲话的方式有很大的差异。为了达到演讲的目的,你需要知道观众是谁,他们对演讲话题了解多少。下面这个真实的故事体现了这一点的重要性。

一位高级行政职位的候选人应邀与公司总裁在一家环境优雅的

法式餐厅共进午餐。这位求职者点了一大份熟透的牛排和一杯牛奶。结果午餐一结束，总裁便将这位本来胜利在望的应聘者从候选人名单中划掉了，因为总裁认为他毫无品位，让他代表公司形象会比较糟糕。

你可能觉得这有点难以置信，但它说明了分析观众的重要性。也许在别的雇主看来，这位应聘者点的菜本来就是他个性的体现，或是讨人喜欢的率真品质。如果这位应聘者对共进午餐者的个人品位先行研究一番，就可以点出被认为“得体”的菜肴，那他没准已经在干着那份工作了。

尽可能全面地了解观众，包括他们的品位、好恶、经济状况、教育程度，如果有条件，甚至可以了解他们所持有的各种偏见。另外，观众的规模是大是小？是少数几个董事会的人，还是多个部门的众多代表？要根据听众的情况选择相应的演讲方式。用“高人一等”的语气跟观众讲话是错误的，那就别怪他们到时候以“充耳不闻”的态度来回敬你。

深入了解观众对演讲话题所持的态度以及他们对该话题相关知识的了解程度。如果你对着没有专业背景知识的观众术语连篇，你就会失掉你的观众；反之，如果你详尽地解释观众已经熟知的东西，也会得到同样的结果。记住心理学家威廉·詹姆斯(William James)的话：“关注点决定行动。”

预测观众可能做出的反应。会有人赞同你的提议吗？会有人反对吗？如果有，务必对论证做出调整以说服这部分观众。和你持不同观点的观众也许为数不多，但不是没有。你要对此有所心理准备并准备好应对措施。如果你确信会有这样的观众，那么尝试着精确地指出你们之间观点的分歧。然后，反过来想想自己的观点背后的理由。观众为什么会持有不同意见呢？是不是有些信息你掌握了而他们没有？哪些理由会是这些听众最乐于回应的？把所有可能性都考虑一遍。

分析观众时，要时刻想着他们的需求。当你在听别人演讲时，是不是内容越直接切中你的需求，你的注意力就越集中？这是很自然的事情。我们做一些事是为了满足自己的需求。如果你想对观众产生影响，就必须关切他们的个人或商业需求。简言之，问问你自己："在演讲中我能给他们提供什么？"

需求大致分为生理的和非生理的。生理的需求，也就是和身体相关的需求，这是显而易见的。非生理的需求包括赞美、快乐、声望。它们可以是基于外在的需求，如社会认同、情感、他人的幸福、便利、美貌，以及利润这个原动力，也可以是基于内在的渴望，如自我实现、求知、为事业而奋斗、为自我完善而努力，或达到更高的生活标准。

需求因人而异，取决于年龄、背景、季节、品位、受教育程度、社会地位、生活方式等因素。然而，如果你仔细分析观众，就很可能辨识出他们的一些共同需求，从而在演讲中有的放矢。

同样，要想影响观众的态度和行为，很关键的一点就是要考量他们的"自我概念"。"自我概念"在商业领域就好比企业形象。例如，如果你向一家公司的关键决策者推销一种全新的管理技术，而这家公司以其创新性思维为傲，那么你就要强调当下工作环境的新潮流，并举例说明其他具有前瞻性思维的公司也在运用这种管理技术。换言之，你要能迎合对方的企业形象。与之相反，如果你在对一个保守的群体作宣讲，你就要强调这种技术里蕴含的传统价值理念，并尽力减少其中所牵涉的风险。绝对不要提及有进取型的"新潮"公司已经在使用该技术。

活动

想想你将要面对的观众。准备一份有关观众的书面资料,其中包含对观众需求的考虑。考虑一下要怎样围绕这些需求进行演说以保持观众对你的演讲的专注。

1.1.4 收集支撑材料

现在你已准备好收集和记录需要用来阐明主题、分主题和论证过程的信息了。使用索引卡片,在每张卡片上写下一个想法或事例,并在必要处注明出处。要意识到你在这个阶段所收集的材料将会形成演讲稿的基础。如果你想让演讲有说服力并且生动活泼,就需要大量丰富的材料。

我所说的支撑材料既可以是统计的,也可以是非统计的。统计材料是"硬论据",也就是你从政府部门、年度报告、市场调研及其他各种来源处收集的事实或数据(当地图书馆管理员会是你定位此类信息的得力帮手)。非统计材料是"软论据",分为事实型材料(如实际个案研究或个人经验)和非事实型材料(如类比、经典名言、幽默故事)。这一类材料能投观众所好,引发他们做出对比和联想。单单使用统计材料就会显得冰冷而枯燥。尽管它们可能很有说服力,但最能打动观众的还是个性化的非统计材料。一流的演讲通常借助于两类材料的有机结合。

(1) 非统计支撑材料的类型

非统计支撑材料涵盖的范围很广。如何选择取决于演讲的话题、观众类型和你的个人风格。最重要的是通过收集大量丰富的材料呈现出一场有说服力和有趣的演讲。

①个案研究

个案研究是阐明观点最有效的手段之一。它既可以是真实的，也可以是虚构的；如果是后者，一定要告知观众。个案研究之所以有效，是因为它通过研究真实人物和实际问题而使理论变得鲜活。

②专家的观点和证言

专家的观点和证言对于支持那些难以用统计数据证明的论点格外管用。例如，某位顶级经济学家对未来利率水平的看法可能正好支持了你的观点。或者，一些甚感满意的客户的证言将会支持你们公司服务上乘的设论。

③论据

论据由能够引导观众相信或质疑某一具体结论的支撑材料组成。字典上将"论据"定义为"论证、信念或判断所基于的一个或一组事实"。如果对于你的观点没有现成的确凿的论证，那么你可能需要使用论据。

④叙述

叙述就是对真实或虚构的事件及经历的讲述。尽管和个案研究很相似，但是叙述更为轻松随意、更有趣味性。有效的叙述可以通过出色的人物刻画、冲突，外加一点悬念，吸引观众的注意力。同时，这种与观点相呼应的讲述也会让演讲更加明晰，也许还会更加诙谐。

⑤轶事

轶事是简短的叙述。不管是诙谐还是严肃，轶事一般都倾向于利用反转或妙语制造出人意料的结局。栋笃笑（Stand-up Comedy）①

---

① 栋笃笑是香港艺人黄子华于1990年从西方引入华人社会的新表演艺术。——编者注

演员抛出妙语或“反转”，赢得满堂喝彩和欢笑一片。不管是滑稽还是严肃，轶事应该揭示出与你的讨论相关的某个观点或要点。

⑥类比

类比是指出两个个体、事件、状况或事物之间的相似性。例如，有一种护发素叫“丝滑”（Silkience），虽然头发和丝绸在视觉上并无相似性（除了在诗人和恋人的眼中），但这个名字能让人联想到头发柔顺而亮丽的画面，而这正是我们对丝绸所具有的视觉和感官印象，所以“丝滑”这个名字就让人记住了丝绸和头发之间的类比。

⑦寓言

寓言是对与主题看似不相关的事件的叙述，但它却拥有与《伊索寓言》（*Aesop's Fables*）和《新约全书》（*The New Testament*）里的寓言故事一般的道德或宗教意义。路易斯·奈泽（Louis Nizer）在他的《陪审团归来》（*The Jury Returns*）一书里有效地运用了寓言。书中讲到一个案例，描述了两名刚被判终身监禁的被告的感受。奈泽写道：“人们常听说终身监禁比死刑还残酷。至少下面这个触动人心的动物故事能支持这个观点，有一只蜂鸟发现它的孩子们被捕入笼中，于是给它们服用了有毒的浆果，让它们从监禁中永得解脱。”①

(2)幽默的价值

没有人可以给幽默定价。优秀的喜剧演员是当之无愧的无价之宝。开怀大笑能缓解紧张情绪，能拉近你和观众的距离，让他们沉浸在演讲之中。对演讲者来说，笑声是无价的。当你听到观众以笑声回应你的妙语或故事时，你就知道他们已全神贯注于你的演讲内容

---

① Louis Nizer, *The Jury Returns*(New York:Pocket Books,1966), 57.

之中。而对于观众来说,这与他们经历过的大多数的会面、会议和演讲不同,他们得以从乏味中解脱出来,体会到了快乐和欣慰。幽默一则不仅常常助益于演讲的开场白,也能在任何需要强化观点的地方使用。不过,重要的是你使用的幽默要符合演讲的话题。有些话题是不容玩笑的,在这种情况下轻浮的幽默会有损你的声誉。

另外要注意的一点是:幽默是很主观的东西,所以请慎重挑选幽默故事。避免以伤害少数群体或女性为代价博取笑声。记住,非正式聚会中所讲的这种以贬低某类人(无论男女)来实现的幽默,都是演讲中的大忌。

如果你觉得自己属于"基本不会讲故事"的人,也不要灰心。你可以通过很多方法来提高这方面的表达技巧(见第5章)。同时,持续地关注有力的支撑材料,最终会获得回报的。

(3)收集充满说服力的材料

尽管图书馆也是一个此类材料的很好来源,但是你会发现其实生活经历是更好的来源。准备一个笔记本,随手记下有趣的故事、个人经历,以及从报纸、杂志上的摘抄等,别忘了详细地注明出处。孩子的、家庭的故事,办公室的见闻,以及旅途中、酒店里、饭店里、会议间、度假时的各种小插曲,只要能呼应你的观点,都可以在演讲中与观众一同重温和分享。通过恰到好处的讲述,这些故事会变得更有价值,因为它们都并非虚构,会让观众加深对你的了解。

不要过分相信你的记忆力。即使有些事情能让你捧腹大笑,你感觉自己肯定忘不了,也别冒这个险,还是写下来吧。亨利·扬曼(Henny Youngman)将插科打诨的段子按照类别和关键词进行了归档:工作、棒球、高个男人的店铺、照相机等。例如,以下内容来自"我有四位姐夫类"的故事。

第一位姐夫："他要是有工作就好了，那样我就知道他是在哪个行业里失业了。"

第二位姐夫："他跟别人说自己是位钻石切割师。其实是在扬基体育场(Yankee Stadium)修草坪。"①

这并非是对亨利·扬曼式幽默的推荐，而仅仅是对文件归档的一个建议。

我在讲解简单词汇的运用时会讲到一个很受观众喜爱的家庭"珍藏版"小故事。我的小女儿特别爱说多音节词。在她快满三岁的时候，我的母亲发现她坐在楼梯台阶上，手托着下巴，一脸悲伤，带着和年龄严重不符的孤独感。"小宝贝怎么啦?"溺爱她的外婆万分关切地问道。女儿叹了口气，动也没动，喃喃道："我需要一点儿交响乐。"②

这个孩子在几个月后的某一天冲进屋子大喊："物自(Sust-i-wince)③！物自！我快饿死啦！"

活动

回顾一下你在第一项活动中写下的主题和论证过程，然后把各种能用来论证观点的论据都写下来。记住要针对观众的特点调整材料。

1.1.5　有意识地引导观众的行动

如果观众能够了解演讲者对他们的期待，那么他们便会将注意

---

① Robert Montgomery, *How to Sell in the 1980 's*(Englewood Cliffs, N. J.: Prentice-Hall, 1980), 23.

② 女儿将"同情"(sympathy)误说成了"交响乐"(symphony)。——译注

③ 实际是想表达"物质"(substance)这个多音节词。——译注

力集中到相关的内容。你要确定好演讲结束后所期待的观众行动：是给你的新装置投赞成票？买下公司的股份？还是得到公司高层对你想法的支持？即便你的演讲只是一个咨询会，你也应该对观众采取的行动有所期待，这样才算达到演讲的目的。这不仅能让观众的注意力始终集中，而且可以帮你对演讲效果做出评估。

活动

思考一下自己的演讲目标，并用笔记下与目标相关的你所期待的观众反应。

1.2　组织主要观点

好了，你已经设定了目标，选定了主要观点、重要主题以及论证过程，对观众做出了分析，对统计和非统计的支撑材料进行了研究和记录，并确定了所期待的观众行动。那么现在该干什么了呢？

现在该组织你的观点了。在横格便笺本上列出所有要点，包括那些你有可能会删掉的观点。任思维发散，以零散短语记录要点。暂时不要浪费时间和精力去组织完整的句子。你现在做的实际上就是回顾主题、分主题和论证过程，进一步充实其内容。

要点清单初步完成后，用批判的眼光，拿着编辑的红笔审视一遍。抛弃所有未通过基本评估测试（“我要证明什么以及我要怎样证明它”）的部分，然后重新写一遍清单。这一次，将观点按照重要性降序排列。有些演讲者喜欢渐入高潮，把最重要的一点留到最后。然而，实践证明，如果能率先分享重要观点，那么观众的注意力能更持久地集中在演讲上。另外要记住的是，与会的董事会主席或其他重要来宾也许只能腾出十分钟聆听你的演讲，听完就要去忙别的事了。你肯定是希望得到他们的支持赞同，所以不要等到最后再把撒手锏亮出来。不过，如果你确定观众足够忠实，并且你也清楚渐入高潮的方式，那么可以从第二重点讲起，接下来讲较为次要的点，然后将最重要的一点留给高潮部分。

在组织要点清单的时候，把类似的观点归纳到一起。人们通常按类别识记事物，例如，钢笔、铅笔、打字机、记号笔、羽毛笔、画笔都是书写工具。通过利用这种分类识记的方法，你可以帮助观众回忆起演讲的细节。

1.3 组织支撑材料

现在该让你在调查研究阶段用过的检索卡派上用场了。假设你的横格便笺本上已经列有三大观点，把每一个观点抄到一张空白的检索卡片上，并分别标记为观点Ⅰ、观点Ⅱ、观点Ⅲ。现在再将包含支撑材料的检索卡片进行归类，与观点Ⅰ相关的归到“观点Ⅰ”卡片下，与观点Ⅱ相关的归到“观点Ⅱ”卡片下，依此类推。这样你一眼就能看出你的支撑材料是过多还是太少。然后你就能根据需要进行编辑或做进一步研究，以确保最后你的每一个观点都获得充分的支撑。

接下来回到横格便笺本。在观点Ⅰ下列出所选择的论证材料，并在必要处注明出处。先写统计数据材料，再写出非统计数据材料——轶事、类比、证言——所有能增强你的观点，令人印象深刻、具有震撼力的材料。要知道观众既受情感支配，也受逻辑影响。继续如此推进，直至你的所有观点下都详细列出支撑材料。

活动

如前所述组织你演讲的主要观点和支撑材料,并评估整理的结果。

- 你将观点按重要性降序排列了吗?
- 支撑材料是否令人信服?
- 材料是否准备得过多?

1.4 列出演讲大纲

如果编制得当,演讲大纲能在一页纸上勾勒出整个演讲的要点。你一眼便能看出不足在哪,以及你是否真的将材料以生动的方式整合在了一起。如果演讲平淡无趣、单调乏味,那它很难激发观众去行动,这从你的大纲中就可以看出来。

要列出大纲还有一个重要理由。优秀的演讲家是不会把演讲稿完整地写出来的,他们只会按照大纲来讲。要引以为戒!把演讲稿全部写出然后试图背诵是很多演讲失败的原因,这会在第5章中讨论到。

演讲大纲包括引言、正文和结论。有些指导者在教如何编写大纲时会忽略引言部分而从正文开始,这会造成一个散漫、不集中的开场,让观众摸不清演讲的目的。大纲最好从引言写起,包含观众的获益、你的资历、观点列表和对观众行动的呼吁。你可以等到"润色讲稿"(第2章)时再细化赢得观众注意的方法。

将你之前在横格便笺本上组织的材料稍作修改,就成了演讲正文的提纲,操作简单。在结论部分重述正文中的主要观点和论证过程,一般还是按照原来的顺序。在这个阶段可以有所取舍,你可能也不想复述所有论证过程。你可以选择略去借助非统计材料的论证,除非它特别贴切并能给人留下深刻印象。

大纲结构如表 1-1 所示(假设有三个主要观点)。下一章对大纲的每一部分都做了详述。切记大纲并非是金科玉律,无论何时,如果你头脑中闪现出一个更好的观点,那就务必改动大纲。

表 1-1 大纲结构

引言

Ⅰ. 赢得注意的方法

Ⅱ. 观众的兴趣

Ⅲ. 演讲者的资历

Ⅳ. 分列主要观点

  A. 首要观点(正文中第Ⅰ点)

  B. 次要观点(正文中第Ⅱ点)

  C. 再次要观点(正文中第Ⅲ点)

Ⅴ. 呼吁观众行动

正文

Ⅰ. 首要观点

  A. 详细支撑材料

  B. 详细支撑材料

  C. 详细支撑材料

  D. 扼要重述:重温以巩固要点

(过渡到观点Ⅱ)

Ⅱ. 次要观点

  A. 详细支撑材料

  B. 详细支撑材料

  C. 详细支撑材料

  D. 扼要重述:重温以巩固要点

(过渡到观点Ⅲ)

续表

Ⅲ. 再次要观点
- A. 详细支撑材料
- B. 详细支撑材料
- C. 详细支撑材料
- D. 扼要重述:重温以巩固要点

(过渡到结论)

结论

Ⅰ. 重述观众的兴趣

Ⅱ. 首要观点
- A. 论证过程
- B. 论证过程

Ⅲ. 次要观点
- A. 论证过程
- B. 论证过程

Ⅳ. 再次要观点
- A. 论证过程
- B. 论证过程

Ⅴ. 呼吁行动

Ⅵ. 提问环节及结语

大纲是使用完整的句子还是零散的短语？这都取决于你。如果整句能帮助你串起思维,方便日后参考,那么请用整句。不过,如果短语就足够了,那么请用短语。在完善整个演讲之前,我个人比较喜欢用短语。如果有可能想出更为鲜活生动的句子,我不愿意把成句“刻印”在脑海里。表 1-2 展示了利基投资顾问公司的迈克·李秦①

① 李秦(Michael Lee-Chin),加拿大安大略省多伦多和汉密尔顿利基投资顾问公司(AIC Investment Planning Ltd.)董事长。——译注

提供的一份真实的演讲大纲。尽管你的大纲并不需要如此详细，但它确实是个极好的范例。

表 1-2　大纲样本

引言

Ⅰ. 能赢得注意的开场

——你知道加拿大有多少退休人员生活在贫困线以下吗？根据加拿大统计局的数据，57.5% 的单身人士（没有家庭成员）都在这个范畴之内，这样的结果是否让你感到震惊？而且，据加拿大国家福利委员会透露，贫困还在增加。

——在美国情况怎么样呢？目前仅有 14.1% 的人处于这种恶劣状况。虽然我说的是“仅有”，但要知道目前美国 65 岁以上的居民有 2 100 万，几乎相当于加拿大的总人口数！此外，政府对“贫困”的定义远低于我们抽样调查的标准。

Ⅱ. 观众的兴趣

——在座的各位有对获得财富不感兴趣的吗？

——有没有人不愿意减少税赋？

——我们知道，这个世界上的人被划分为“有钱的人”和“没有钱的人”。那些“有”数量可观的钱财的人追求获得最大的投资回报，而那些“没有”大量积蓄的人想知道如何将微薄的现金转化为潜在的资产或财富。每个人都想少交点税，并安享退休生活。

Ⅲ. 演讲者的资历

——工作、教育、特别兴趣，等等

Ⅳ. 主要观点

A. 财富或现金流的最大化

B. 财富的创造

C. 杠杆手段：借钱投资

D. 有保障的退休

Ⅴ. 呼吁观众行动

——填写卡片

（过渡到正文）

续表

正文

Ⅰ. 财富或现金流的最大化

A. 举例:就像减肥一样,如果你漫无目的,那么什么都不会发生。如果你定下一个明确的目标,比如两个月内减掉 10 磅,那么你就可以更好地实现目标。

B. 举例:对于举重训练,你不能说:"我的目标是短时间内举到 250 磅。"你必须明确到未来一个月内你在每个器械上练习的次数。

C. 退休时拥有 30 万美元财富的目标切实可行吗?

D. 针对通货膨胀做出调整。举例说明 C 先生和 C 夫人(个案史)虽然看似拥有一笔丰厚的退休基金,但却因通货膨胀而受损。

Ⅱ. 财富的创造

A. 任何商业活动都是建立在人力资源之上的:脑力资源和体力资源(以多法斯科钢厂为例)。

B. 处理财务问题时要考虑本金,要有员工给你干活,而且必须要有一个盈利的核心机制。

C. 公式:时间 + 金钱 + 自由企业 = 经济独立的机遇。

1. 时间:示例说明,如果一个年轻人从 25 岁时开始每月存 30 美元,按复利率 12% 计算,那么到 65 岁时就能积攒 30 000 美元。

2. 列出 55 岁之前每 5 年一次的公式结果。

3. 按照 12% 的利率计算,36 年后 1 000 美元就能变成 64 000 美元。

D. 举出历史案例。

E. 给出图表:通过投资收入来节税可以得到完整的复利投资收益。

1. 举出该种投资类型的例子。

2. 说明投资带来的节税效果。

Ⅲ. 杠杆手段:从别处借钱

A. 举例:加拿大钢铁公司打算新建工厂,需要资金 10 亿美元。他们发行了信用债、优先股等,以获得资金。

B. 通过借款创造财富的必要性。

1. 举例:贷款买房。房地产——最好的投资。

续表

2. 举例说明怎样通过借款创造财富。 3. 图解投资收益。 4. 图解节税效果。 Ⅳ. 全球化思维 A. 好的基金经理主张投资基金的选择要多元化。 B. 成功的专业基金经理能够带来的益处。 C. 国际股份相对于本地投资的安全优势。 Ⅴ. 有保障的退休 A. 举出四个优秀基金的成功案例。 B. 图示收益——20 年来以每年 18% 的速度增长。 C. 举出 W 先生和 W 夫人的例子，1966 年他们投资了 5 000 美元，然后逐年增长。看看到目前为止，他们的退休收入达到了多少。 （过渡到结论）
结论 Ⅰ. 我们探讨了如何在退休时实现经济独立的问题。着手筹备永远不嫌早，同样也不嫌迟。种一棵橡树的最佳时机是 40 年前，次佳时机就在今日。 Ⅱ. 我们讨论了通过杠杆手段和尽量节税使财富最大化。 Ⅲ. 重复行之有效的方法——投资业绩无可匹敌的成长型基金。 Ⅳ. 专业的资金经理和国际投资。 Ⅴ. 在考虑通货膨胀的情况下，这些投资是如何做到节税、使投资收入攀升的。用图表来说明银行投资和我们推荐的投资方式的不同节税效果——体现在复利的差异上。
提问环节
最后总结并呼吁行动 在各位入场的时候，我们请你们填写了座位上的卡片。现在请和我们一起喝杯咖啡。后面是我们公司的六位代表。请带上您的卡片和他们预约一个时间，我们会根据您的个人经济状况和未来的需求，为您量身定制投资规划。

活动

为你的演讲写一个大纲。别忘了用基本评估测试来确保不偏离正轨。

1.5 小结

①清晰明确的目标对于一场有说服力的演讲来说是必不可少的元素。

②基本评估测试能帮助你确立主题、重要主题以及论证过程(支撑材料)。

③统计数据和非统计数据材料结合使用创造出最具说服力和趣味性的演讲。

④你必须彻底地分析观众,以便针对他们的个人和商业需求来引导观点。

⑤清楚你想要观众采取何种行动,这能够集中他们的注意力,并帮你评估演讲效果。

⑥主要观点和支撑材料应按重要性降序排列。

⑦大纲帮你辨认演讲的瑕疵,并在你“登台”时充当“剧本”。

第2章 润色讲稿

设计有力的开场

开发无懈可击的案例

使用创造性重复

安排使用视听道具

有力地收尾

现在,开始着手润色讲稿,使之行文流畅、色彩丰富。开始详述大纲中所列的观点,设计有吸引力的开场,完善支撑材料的运用,斟酌过渡词句,选择让观众心悦诚服的词语和图像,并设计有力的收尾,让你的观点刻印在观众的脑海里(见图2-1)。无论是采用整句,还是分要点罗列出短语,其目的都是准备好一个观点紧凑的演讲大纲。

2.1 引言:有力的开场白

一位医生要讲“吸烟的影响”这个话题。他走了进来,面带微笑,有礼貌地点了点头,说道:“晚上好。”然后他扫视了一遍观众,现场大概有二十五人左右。他仔细打量了每一个人。在一番令人疑惑的审视之后,这位医生面色阴沉下来,走到观众中间,指出了六七个人。“你、你、你、你……还有你,”他说,“你们知不知道你们五年内可能会死掉?”

图 2-1 润色过的讲稿有助于你与观众建立连接

这位医生究竟从这些烟草受害者脸上看出了什么，继而预言他们将早早离世呢？当然，他其实什么也没看出来，仅仅是利用当前的统计数据说明肺癌的发病率。但是他达到了自己的目的，毫无疑问，观众一定不会放过他接下来说的每一个字。

2.1.1 赢得观众注意力

就像电视节目的演员们在拍摄前几分钟都会在观众席暖场，演讲者在进入正文之前也要给听众做做“热身”。这是通过引言部分实现的，而其中首要的并且可能是最关键的元素是在开场时赢得观众注意力。这样，在演讲开始的几分钟里，你便能给观众留下深刻印象。要使观众印象深刻的是你的才智、你的热情、你的活力，还是你的庄重？不管是哪一个，此刻正当其时。有多种开场方式可供演讲者使用，下面来具体介绍。

(1) 震惊式表达

上面那个故事里的医生就使用了震惊式表达作为开场白。这里有另一个例子。尽管是摘自一篇新闻专栏的开篇，但是它同样有语出惊人的效果。W. 吉福德·琼斯(W. Gifford Jones)博士在介绍他的专栏《医生的游戏》(*The Doctor Game*)时写道:

> 请求你,亲爱的主啊,请保护孩子们免受那些粗悍的棒球运动员和教练之害吧!这些人不先咬下一块咀嚼烟草好像就无法走到投手土墩,而且一路上似乎还要证明自己能吐多少次烟唾……想要模仿这群粗悍棒球运动员的北美人应当看一看印度的情况。在印度,有47%~73%的人咀嚼烟草,而所有恶性肿瘤中的48%都发生在口腔中。①

(2)参与式开场

这种多层面的开场形式是几年前由美国全国广播公司(NBC)的卡尔·沃森(Carl Watson)和汉克·森伯(Hank Senber)设计出来的。沃森和搭档合作,给每一位观众分发折好的纸片,并要求大家在得到他们的信号之前不要看纸上的内容。然后他让观众看折纸朝外一面的文字,并让其中一位观众把它大声读出来:

> 对当代现象的客观思考迫使我们得出结论,即竞争性活动中的成败并不倾向于表现为与天赋才能相称的结果,难以预估的情况总是必须考虑的重要因素。

当观众还在对这段话的意思困惑不解时,沃森问有没有人认出它是基于哪段名言得出的。下面没有人回应。于是沃森让观众打开折纸。折纸里面的内容是这样写的:

> 我又意识到,在这个世界上,跑得快的人并不是总能赢得比

---

① Dr. Gifford Jones, "*The Doctor Game*", *Toronto Globe and Mail*, 2 June 1987.

赛。智者不见得总能维持生计,聪明的人也未必总能升上高位。霉运发生在每个人身上。

《传道书》9:11

对《传道书》段落难以辨识的改述出自乔治·奥威尔(George Orwell)之手,旨在阐发对简明的诉求。通过让观众参与进这个开场活动,沃森和森伯既抓住了他们的注意力,又表达了同样的观点。

(3)幽默式开场

除非你是栋笃笑演员,不然我不推荐你用一连串的俏皮话开场,不过一个幽默故事可能是合适的。但是,要确定你的这个有趣的故事与主题相关,而且能使演讲以合适的氛围开始。不要随意地选类似于"我在来会场的路上碰到了一件有趣的事……"或"昨晚我看到你和一位女士在一起,她是谁呀……"这样的故事作为开场。

(4)个人经历式开场

个人经历的故事能够制造强有力的开场,因为它能够让观众开始了解你。销售技巧方面的专家建议销售人员向客户敞开心扉,从而让那些潜在买主能够信赖这位他们开始了解的销售人员。

你也需要来自观众的同样的信赖。但仍然要确保你所描述的个人经历与演讲有关,一味讲你四岁的孩子如何给你添乱就是无关的内容。

2.1.2 就观众的兴趣而讲

在演讲筹备阶段,你已对观众作了分析。现在,你需要按照分析来行事。告诉观众他们能从你的演讲中得到什么。你演讲的缘由必须与观众有关。如果演讲中有能使他们受益的东西,你就会赢得他们的支持。

(1)陈述你的资历

接下来,陈述自己在所要探讨的特定话题上所具备的资历。告诉观众你是谁,简要总结个人经历,并描述目前的职位。谦卑地对自己的专长进行介绍,能让观众对你提出问题并解决问题的能力产生信任。要是有别人介绍你,那么你便可以放心地略过这一步。但是,一定要提前审核介绍内容。

(2)介绍话题列表

现在需要让观众了解你的演讲内容了。可以以列表的形式逐项陈述出来,简要列出你要讨论的各项议题和你要证实的结论,当然,它们都是从主题和分主题引出的。换言之,告诉他们你打算讲些什么。

(3)呼吁观众行动

最后,告诉观众你对他们的期望是什么——希望他们采取什么行动。例如,假设你代表的是共同基金,你可能会将一些空白卡片发放给观众,请他们写上一个合适的面谈时间,就他们的财务状况进行讨论。或者你也可能鼓励他们在演讲结束之后找到你或你的下属讨论他们各自的需求。

这时,你也应让观众知道你是想让他们在演讲过程中提问,还是让他们耐心等待到演讲结束之后的提问阶段再提问。这是你的演讲,所以由你来决定。要记住,演讲过程中来自席间的提问可以保持观众的参与度;但与此同时,一些人提问跑题或给出恶意评价,会破坏演讲的流畅性。除非你掌握了应对各类问题所需的技巧(见第5章),否则最好把提问留到最后。

活动

为你在第1章列好大纲的演讲写出完整的引言，然后在家人、朋友或亲密同事面前进行试讲。

路标

目前为止你应该已经完成了第一部分第1章的学习，并且顺利行进在第3章的途中。你的演讲姿势和呼吸训练进行得怎么样了？

2.2 正文：建立案例

现在你进入了演讲的实质部分——正文。检查你的大纲和引言。它们都应该包含观点一览表，并且演讲的要点也罗列出来了。根据大纲，从第一个要点开始阐述。解释你要确立的观点，并告诉大家此观点要达到的目标是什么。然后，写下论证过程。先使用统计性资料，再使用非统计性资料。预期可能出现的反对意见，并直接想好应对办法。同样的，坦率承认观点中的不足之处。说明这种不足是相对"无伤大雅"的，或者可以因为观点中其他中肯有力的方面而忽略掉这些不足。如果你认为你的案例无懈可击、令人信服，也令你感到满意，那就可以扼要复述该观点并进入下一个观点的阐述了。

完整地论述每个观点，包括陈述目标，描述意图，论证过程及总结。仔细斟酌你的语言，注意那些会给演讲减分的语法错误、赘述以及陈词滥调（见第3章）。表达观点所使用的语言和观点本身对于演讲的整体效果几乎同等重要。

2.2.1 选择支撑材料

选择支撑材料时,头脑中要明晰对于观众分析的印象。

①观众是否倾向于支持、拥护你的观点?如果是,就不要过多赘述、论证了,省得让人厌烦。同样的,如果他们对主题已很熟悉,就不要再提供大量的背景材料了。这可能只会浇灭他们热情的火焰。

②所用的类比和引用是否适合你的观众?确保你提及的体育英雄也是他们心中的英雄。如果对希腊哲学家的引用会使观众陷入一片茫然,那就不要生硬地引用。而如果某个特定的引用恰当到你觉得非用不可,那么就用关键词标明来源,比如"希腊哲学家亚里士多德"。

③你所使用的幽默对于观众和演讲来说适当吗?

④你所说的事实都严谨精确且鉴定出处了吗?不要使用有疑义的数据。满足你的需求的、来源可疑的数据,也很可能反过来给你带来困扰。如果你所说的某些"事实"遭到质疑,那么整个演讲就将失去可信度。

⑤你使用统计数据时让观众感知到它的意义了吗?与其单纯复述原始数据,不如将它们转化为观众好理解的与自己相关的内容。例如,如果你说"在美国65岁以上的人有14.1%在挨饿",这种数据的影响力可能就很微弱。但是,如果你告诉多伦多的观众这个数字超过了他们所居住城市的总人口数,那么你的观点就会产生更大的影响。试着赋予数字丰富的感染力。

2.2.2 创造性重复的必要性

记住到目前为止你的每个观点都应已重复了三遍:引言中一

遍，正文中两遍。尽管为了让观众记住你的观点，这种重复很有必要，但如何避免演讲的形式呆板、内容毫无悬念是一个难题。

试着回忆一下你上学时老师为临近的考试安排的复习课。如果他按照最初讲授这一主题的思路来复习，你很可能就不听了，心里想："哦，这我之前已经听过了，都在我的笔记里。"但是，如果这位老师能够聪明地使用另一种方式讲授复习课，你就有可能听讲了。毕竟，这样"听起来"不会很像。也许你的笔记漏记了某些内容，或者老师又新加了内容。老师使用创造性重复的方法促使你听得更专注。

使用创造性重复方法的另一个理由是确保你的观点被观众理解。如果在第一轮的讲解中你的观点对观众来说还显得有点模糊，新的方式也许能给他们带来全新的深刻理解。"噢，那就是她的真实意图！"这时他们头脑中的电灯泡就像福特"更好的想法"（Better Idea）的标语一样亮起来了。当听众在问答环节要求你更加清楚地阐释自己的观点时，你也会发现创造性重复的益处。多样化的解释能触发联想和回忆。

类比通常是一种具有吸引力，并且能够对观点进行有效重复的方法。这一点可以通过一位女士与专业货币规划师讨论理财计划的故事来加以说明。在对特定的几个推荐产品进行说明之后，货币规划师对这位女士说："如果最后的收益不充分，您至少还可以在一些必要的情况下动用资金。"女士摇头拒绝了这一计划，说她在设法为孩子们存一笔钱作为遗产，"试想我开着一辆车兜风，车后的贴纸上写着：'我在驾驶留给孩子们的遗产！'"同样一件事，用最具画面感的方式描述出来会具有更为丰富的情绪感染力。

2.2.3 安排使用视听道具

1986—1987 年对非洲饥荒的救助行动显示了视觉图像神奇的宣传力。在英国某摄制组拍下高清、震撼人心的饥荒影像前的很多年里,饥荒已经使非洲的人口剧减,而直到图片公之于众,世界才给予了如此慷慨的回应。

演讲稿正文完成之后,标注出需要运用视听方法来说明的要点,以便更加清晰有效地表达观点意图。图解应做到强化重要观点,使你所表达的内容更为明晰,最好能达到引人瞩目的效果。之后,你就可以考虑要使用何种类型的视听道具了(第 4 章)。

活动

写出演讲正文。你是否已经选好了针对观众特点的支撑材料?重复的部分是否作了创造性的处理?是否把每个观点的阐述都当作一个小型演讲一样来对待?

2.3 结论:强有力的结尾

把结论部分想象成乐曲恢宏的尾声,即大型音乐剧末尾全体演员都登台的特别节目。如果你的演讲在这一部分已经非常有说服力了,你的结束语就会给观众施加强大的情绪感染力。演讲过后,你应当会使观众为你的想法和产品而兴奋,为你的难题而困扰,受到你所举事实的启迪,或者至少他们会对你演讲的内容琢磨再三。

结论部分是你对演讲中的重要观点做出强调的最后机会,一定要把握好。因此,这一结尾应该成为整个演讲的高潮——高度地、尖锐地、清晰地把重点放在演讲目标上,指引观众按照你的期望采取行动。

有些演讲者通过结论部分澄清观点,有些强化观点,还有些提出新议题。这取决于演讲者。不过,无论你的选择是什么,都要果断明确地作结论。

2.3.1 重申对观众的益处

回顾引言部分,你会看到当时向观众保证听你演讲能有所获益。现在他们应当能清楚地看到这些益处,不过这一点应由你来提醒他们。

2.3.2 重述观点列表

最好的结论是能够言简意赅地将演讲目的、主要观点及论证过程都概括起来。如果可以的话,用一种和之前不同的、新颖的方式来重述这些内容。如之前所提到的,新鲜的方式能引来观众的关注并有助于观众理解。

2.3.3 呼吁行动

至此你已将演讲带至所期望的高潮。你的观众全神贯注于你的演讲之中。到了呼吁行动的时机了。准确地说出你想要观众采取何种行动,以及想让他们何时行动。

2.3.4 提问时间

在设计结论部分时,也请为提问环节做些准备。准备时,可以将收集到的很多演讲中没有用到的“边角料”一类的材料保存下来,供日后使用;随笔记下你预期到的任何问题,不管是友善的还是具有挑衅意味的,并想好如何作答。成功应对提问是一种才能,我们会在第5章详细地讨论它。

2.3.5 掌控结尾

提问环节之后你还需要说一段“完满的结束语”。不要说一句“没有别的问题了吗?谢谢!”便谢幕了,这样会让演讲显得有气无力。应该扼要而生动地总结演讲,并再次呼吁观众采取行动。

活动

写出你演讲的结论部分。你是否简洁地概括了你的想法?是否强调了你最重要的观点?是否果决明确地收尾?

2.4 小结

①演讲最初的几分钟是和观众建立联系的最重要的时机。有许多种能赢得观众注意的开场可供你使用:震惊式表达、参与式开场、幽默式开场以及个人经历式开场。

②演讲正文中对每个观点的阐述都应像对待一个小型演讲那样,包含目标陈述、意图描述、论证过程以及总结。

③你的演讲应该是仔细地为观众量身定制的,考虑他们对主题的了解程度,他们的教育背景、幽默感以及企业文化。

④创造性重复会为你的演讲增添清晰度、多样性和趣味性,并促

使观众回味。

⑤通过创造性地重述你的观点列表,就观众的需求而讲解,呼吁他们行动,通过回答他们的提问来总结你的演讲。通过以果决的语气重述你的核心主题来收尾。

第3章 精妙的语言表现

减少语法错误

避免啰唆、陈腔滥调、术语、首字母缩略词、冗余

说话模棱两可和天书的危险

主动语态的好处

使用多样的句式和多彩的语言

即使经过了最细致的调研,有些演讲还是无法避免明显的语法错误或者用词不当,从而给观众留下不良印象。观众能够从你所使用的语言判断出你的教育背景、职业、社会地位、你的形象以及你对自己公司和观众的态度。你要确保观众的这些判断结果是给你加分而不是减分。

3.1 危险地带

英语是一门复杂的语言,关于它的用法,有很多详细的文本可供参考。[①] 这一章主要讲演讲语言中的常见陷阱。你可以谨慎地避开它们,建立观众对你持久的信任。本章还会提供一些如何使用好语

① 部分可供参考的书目,见书后“推荐读物”下的“语言、语法、习惯用法”项。

言的窍门。其目的在于使你的演讲:

- 生动、有力量、有活力;
- 清晰、无歧义;
- 真诚自然,不造作、不浮夸;
- 直截了当、令人信服;
- 语法正确。

为保持你的演讲切中目标,你必须有能力识别出危险地带并避开它们。记住,“使一个人光鲜所要做的比擦皮鞋和修指甲更多。”①

3.1.1 分散注意力的语法错误

让我们先来看看常见的语法错误。它们常见得连大学教授和电台播音员都在这些问题上反反复复。

(1)“Each one of you *are* asked to bring *your* own material.”

“Each”(每个)是单数,其后要跟单数形式“is”(是)。第二人称“your”(你们的)应当用第三人称“his or her”(他或她的)来代替,因为材料是属于“each one”(每个人)的而不是“you”(你们)的。这句话的正确表达应该是:

“Each one of you *is* asked to bring *his or her* own material.”(你们每个人都要带上自己的材料。)

(2)“He's older than *me*.”

通过在脑海里补全句子便可避免这种错误:“He's older than *me*

---

① Herbert V. Prochnow, ed. *The Complete Toastmaster*. Englewood Cliffs, N. J.: Prentice-Hall. 1976:20.

am. ”显然,这句话不正确。正确的补全版本应当是:“He's older than *I am.* ”而它缩略后的正确版本应当是:

“He's older than *I.* ”(他比我大。)

(3)“As I came closer,I could see that it was *him.* ”

在这句话里,宾格代词“him”(他)应当由主格代词“he”(他)代替。演讲者经常犯这种错误,因为他们认为这个代词是动词“was”(是)的宾语。但是,系动词“to be”(是)后总是接代词主格(请到推荐的语法书上查看更为详细的解释)。改正后的句子应当是:

“As I came closer,I could see that it was *he.* ”(我走近一看,原来是他。)

(4)“Between you and *I*, the results of this study are of dubious value. ”

“between”(在……之间)是个介词,其后一定总是跟代词宾格,此处即“me”(我)。改正后的句子是:

“Between you and *me*, the results of this study are of dubious value. ”(你知我知,这项研究结果的价值存疑。)

3.1.2 普遍误用的单词

(1)“This company divided the administrative tasks *between* six managers. ”

这句话是不正确的,因为“between”仅适用于涉及两个人或两个物体的情况,其他情况适用“among”。这句话应当改为:

“This company divided the administrative tasks *among* six managers. ”(这家公司将行政事务分摊给了六位经理。)

有一种特殊的变数要留意。“Memos were flying back and forth

between the *six* managers.”(备忘录在六位经理之间来回传阅。)这句话是正确的,因为每一本备忘录都是从一位经理传到另一位经理那里的,也就是说,是在两位经理“之间”(between)传阅的。这就是英语这门语言的奇怪特性!

(2)“Mrs. Peabody and her husband *comprise* the whole company.”

尽管这里用“comprise”(包含)表示“constitute”(组成)是可以接受的,但是大多数人都将这视为单词的误用。选择一个较为保险的词也许比较明智,如“compose”(组成)或“make up”(组成)。那么这句话就可以改为:

“Mrs. Peabody and her husband *make up* the whole company.”(皮博迪夫人和她先生两个人组成了整间公司。)

(3)“The deal fell through *due* to lack of funding.”

本例中对“due”(由于)的误用很可能源于它有“attributable”(归因于)的意思。想表达这个意思,本句的正确写法应当是:“The collapse of the deal was *due* to lack of funding.”或者,使用原本的结构,改正后的句子应当是:

“The deal fell through *because of* lack of funding.”(由于资金不足,协议落空。)

(4)“There*'s* no decent translations anywhere.”

这句话如果不缩写就是:“There *is* no decent translations anywhere.”这里动词应该用复数形式才能和复数表语“translations”(翻译作品)一致。使用缩写式时这类错误往往会被忽视,正确的句子应当是:

“There *are* no decent translations anywhere.”(像样的翻译作品已经绝迹了。)

(5)“*Irregardless* of winds and waves, the captain steered a steady course back to port.”

“Irregardless”([口语、非规范用语]不管)这个词之所以开始被使用,很可能源于对“irrespective”(不顾)和“regardless”(不管)的混淆。使用二者之一来证明你对正确用法的了解吧。就像这样:

“*Regardless* of winds and waves, the captain steered a steady course back to port.”(尽管风起浪涌,船长依然稳稳地将船驶回了港口。)

(6)“Ms. Robinsky just kept reading the computer printout *like* she did every morning.”

“like”(像)只有在对两个相似事物作比较的时候才能使用。这句话的正确表达应该是:

“Ms. Robinsky just kept reading the computer printout *as* she did every morning.”(罗宾斯基女士像往常的每个早晨一样阅读着电脑打印资料。)

3.1.3 恼人的啰唆

演讲者在对自己所要确立的观点缺乏信心或者无力地试图撑长自认为过短的演讲时间时,通常会诉诸“啰唆”。结果就会使观众产生不确定、无方向的感觉,他们的思维也会渐渐游离到演讲之外的其他事情上去。我们都记得理查德·尼克松(Richard Nixon)一再重复的那句“Let me make myself perfectly clear”(让我好好为自己辩白一下),这句话通常用来延缓发表那一系列最让人莫名其妙的所谓“解释说明”。这里列出了其他一些常见的应该避免的问题因子:

in terms of(依据;在……方面)

in tandem with(同……串联;同……合作)

at this point in time(此刻;应该用"now")

with regard to(关于;至于)

The reason I do this is that(我这样做的原因是;应该用"I do this because")

each and every one(每一个)

in my opinion(在我看来)

as to whether(至于是否)

The overall feeling is that(总体的感觉是)

In addition it is perhaps relevant to mention that(另外,可能与此相关而应提及的是)

There is little that can be done(对……无能为力;应该用"Little can...")

如果你发现你的讲稿中有这样的表达,那么请在仔细审查之后把不必要的部分都删掉。

3.1.4 限定词的使用和滥用

滥用的限定词实际上只是另一种形式的啰唆。它剥夺了词语原本具有的力量,模糊了演讲者的观点。这里列出了几个要避免使用的限定词:

somewhat(有点儿)

rather(相当地)

little(一点儿)

pretty(相当地)

very(非常)

a lot(许多)

思考一下这两个例子：

"The sales figures for this year were *rather* higher than for last year, which we thought was a *pretty* good sign."（今年的销售额较去年稍高，我们认为这是个挺好的兆头。）

"They did *a lot* of research before presenting a *very* good marketing plan."（他们为了呈现一个很好的营销方案做了许多研究。）

没有人会为第一句话所使用的谦卑语气留下深刻印象。销售额上升这种好消息应当用积极的语气来表达："The sales figures for this year were higher than for last year, which was an excellent sign."（今年销售额高于去年，这是个极好的兆头。）

第二个例句中的限定词苍白无力。透彻的研究应得到无条件的认可，所以要表达得果断坚决："They did extensive research before presenting a first-class marketing plan."（他们为了呈现一个一流的营销方案做了广泛的研究。）

3.1.5 冗余的词语

冗余的词语不但削弱你的语言，而且会刺激观众的神经。这里有几个例子：

the top priority above everything else（高于一切的当务之急）

déjà-vu all over again（再一次似曾相识）

an inflammable powder keg（一个易燃的火药桶）

full to capacity（满满的满负荷）

the honest truth（真实的真相）

an original, new idea（一个独创的、全新的想法）

3.1.6 矫饰之辞

尽管你可能需要查阅同义词汇编手册来增加语言的多样性，但是不要使用那些你自己都觉得别扭的华丽辞藻。有力而确信地传达出的朴素词汇也能产生同样的效果。托马斯·利奇(Thomas Leech)在他的著作《如何准备、举行和发表迷人的演讲》(*How to Prepare, Stage and Deliver Winning Presentations*)中举了下面这个使用矫饰之辞的例子：

> At this point in time, and commensurate with the mitigating circumstances with which we now find ourselves, it seems advisable to interface with the really good liquid refreshments made available to us, that, I am assured by the cognizant personnel, are not too shabby.（此时此刻，我们发觉自身处于舒缓之情境，与此相应，连接以备我们取用之真正上好液态点心似为可取。而且，我也获主管人员之保证，所备之物是不甚鄙陋的。）

直率地翻译出来就是："Let's take a coffee break."（让我们进行茶歇。）①

3.1.7 过度使用的词语

如果你的语言里散布着过度使用的词语，你同样可以预料到观众会焦躁不安。这里列出了一些被滥用到使之失去效力的词语。检查一遍自己的演讲稿，用红笔划出这些词语并忘却它们。

---

① Thomas Leech, *How to Prepare, Stage and Deliver Winning Presentations* (New York: AMACOM, 1982), 257.

final(最终的)

factors that contribute(导致……的因素)

aspects to consider(要考虑的几方面)

went to considerable trouble(招惹了相当大的麻烦)

a unique opportunity(唯一的机会)

require further study(需要做进一步研究)

basically(大致说来)

frame of reference(参照标准)

maximize(最大化)

meaningful(有意义的)

oriented(以……为方向或目的地)

overall(总体说来)

parameters(参数)

spectrum(范围)

in terms of(依照;在……方面)

time frame(时间范围;时限)

viable(可行的)

3.1.8 陈词滥调

陈词滥调是过度使用的表达,通常能产生画面感。这些表达曾一度显得机灵巧妙,让人耳目一新,但是现在却已耗尽了它们的效用。这里有几个较常见的例子:

no sooner said than done(说到做到)

keep to the straight and narrow(循规蹈矩;行为端正)

burn the midnight oil(开夜车)

food for thought(精神食粮)

want to share this with you(想与你分享)

我个人挺享受拿陈词滥调玩文字游戏的乐趣。苏珊·费拉罗(Susan Ferraro)在美国航空公司出版物《美国之路》(*American Way*)里援引了一些非常好的例子,如:"Beware of bosses bearing gifts"(当心带着礼物的老板)①和"Fools give you reasons where angels fear to tread"(傻瓜为天使不敢涉足之地给你涉足的理由)②。

3.1.9 术语陷阱

术语是特定专业领域独有的词语。使用术语未必就是坏的。事实上,只要观众能理解术语的意思,它就能帮你简洁地表达想法。但是要慎重。如果你把观众不熟悉的词语掉得到处都是,一些人会因你好像在"掉书包"而感到不适,另一些则会将这些词在头脑里做个记录以备查询,但却恰在这分心的一刻错过某个要点。

你也冒着纯粹被误解的风险,因为观众不熟悉你所使用的术语。对某个熟悉电脑的人来说,电脑"崩溃"(crashing)(伴随着丢失有价值信息的潜在危险)这个概念是令人烦扰的,但它并不会像不懂这个术语的人那样联想起破裂碎片的画面。

3.1.10 烦人的首字母缩略词

同样的原因,对待首字母缩略词应和对待术语一样谨慎。首字母缩略词由几个单词的首字母或开头几个字母组成,如 STATSCAN(Sta-

---

① 原句为"Beware of Greeks bearing gifts"(当心带着礼物的希腊人)。——译注

② Susan Ferraro, "Cliché Conundrum", *American Way*, 29 April 1986. 原句为"Fools rush in where angels fear to tread"(傻瓜贸然闯入天使不敢涉足之地)。——译注

tistics Canada,加拿大统计局)和 MIS(Management Information Systems,管理信息系统)。尽管使用全称可能显得笨重,但至少应在第一次提及的时候使用全称,以避免出现观众苦苦思索缩略词所指何意的危险。

3.1.11 歧义

歧义有损于演讲者和观众的关系。倘若你感到有必要使用具有多重含义的术语,那么请为观众明确它的定义。检查你的讲稿中含有歧义的指代,不要心怀任何侥幸。如果在观点的表述中存有疑义,就请重新措辞。想想看《当代英语手册》(*Handbook of Current English*)中的这个例子:"Boswell first met Johnson when he [Johnson] was fifty-four."(博斯韦尔第一次见到约翰逊时他五十四岁。)这句话应该改为:"Johnson was fifty-four when Boswell first met him."(约翰逊五十四岁时博斯韦尔第一次见到他。)①

3.1.12 说话模棱两可

说话模棱两可是指故意使用有歧义的语言。一个绝佳的例子来自于美国全国英语教师理事会公众双重话语委员会(The National Council of Teachers of English Committee on Public Doublespeak)。② 他们把 1984 年的双重话语奖(Doublespeak Award)颁给了美国国务院,以表彰其宣告在世界各国人权状况的官方报告中不再使用"杀戮"(killing)一词。这一令人不安的词语将被"非法或任意的对生命的

---

① Jim W. Corder and John J. Ruszkiewicz, *Handbook of Current English*, 7th ed. (Iuinois: Scott-Foresman. 1985), 149.

② Allan Fotheringham, "Doublespeak: It isn't what you say but how you don't say it," *Hamilton Spectator*, 4 Sept. 1985.

剥夺”(the unlawful or arbitrary deprivation of life)所取代。我个人心目中的奖项颁给五角大楼,以表彰其所发表的对于中子弹的描述——“一种高效的核武器,以最小程度的对友邦领土的伤害清除敌军!”(An efficient nuclear weapon that eliminates the enemy with minimum degree of damage to friendly territory)①

不要自欺欺人地相信模棱两可的话语能帮你摆脱胶着处境。如果你有某个不利的或令人不快的消息要传递给观众,使用模棱两可的话语也许能保护你一时,但最终观众会将其识破并看到真相。很少有人会感激你推迟必然要面对的事情。更明智的做法是勇敢直面消极情势(“我们的利润相比上一季度下降了30%。”)并给出一些积极的建议(“这就是原因所在,还有这是我提议的为扭转局面所采取的行动。”)

3.1.13 委婉语

避免使用多愁善感的词语。如果你的观点被柔软而晦暗的表达所缓冲,你就很难指望能够影响到观众了。你的用词应该具有情绪感染力。

你还记得第2章那个医生的开场的例子吗?如果他说的是“你们将会生病,或许在之后的几年内去世(pass away)”而非“你们五年内都会死掉(dead)”,会有什么不同呢?“去世”和“在之后的几年内”这种委婉用法会大大地削弱开场的力度。

1974年美国空军驻柬埔寨新闻发言人奥普弗上校(Colonel Opfer)对使用“轰炸”(bombing)一词进行强烈抗议时,“直言不讳”的

---

① Allan Fotheringham,“Doublespeak:It isn't what you say but how you don't say it,” *Hamilton Spectator*,4 Sept. 1985.

力量展现了出来。

"轰炸,轰炸,轰炸,老是这个词!"他严厉地纠正报道者,"这不是'轰炸',是'空中支援'(air support)!"①

3.1.14 "天书"

比模棱两可的话,更糟的是冗长且令人费解的术语,即所谓的"天书"。下面这篇来自一个金融服务部经理的备忘录就是最典型的例子。

负号(—)说明

AM090 会计财务报表有所改动,借方美元金额将被印为正数,贷方美元金额为负数(-)。这个改动使得 AM090 报表和 AM091 交易报告相统一。只有支出子代码的用户不会受这个改动的影响;有收入子代码的用户会看到体现在 AM090 上的贷方余额带有负号(-)。因此,借方交易金额和余额会显示为正数(无符号),贷方余额会显示为负数(-)。

这难道不会让你想起乔治·奥威尔的那句:"老大哥在看着你。(Big Brother is watching you.)"少即是多,指白为黑。

路标 现在你完成第8章的学习了吗?有计划地对元音进行定期练习,以使声音更为洪亮,并改进语调。

3.2 优秀演讲者的制胜之道

优秀的演讲者是那种能将自己的观点变得鲜活起来的人,他们

---

① Allan Fotheringham, "Doublespeak: It isn't what you say but how you don't say it," *Hamilton Spectator*. 4 Sept. 1985.

通过用词的选择和语言的节奏激活观众的状态。经由认真的自我评估,你可以学到如何创作出能将观众争取到你的观点这边来的讲稿,并使他们在结束后对你的演讲技巧印象深刻。

3.2.1 主动和被动语态

一般来说,要尽量使用主动语态。意思就是,所使用的主语做出动作而非被施加动作(被动语态)。"我的客户慷慨地提供了他的推荐信"就远好于"推荐信由我的客户慷慨地提供"。前一个例句中主语做出动作,后一个例句中主语被施加动作。

然而,有些情况下被动语态更适宜,还有可能效果更好,就如下面这句话所示:"我们被雨淋透了,被冷风冻僵了。(We were drenched by the rain and frozen by the icy wind.)"

3.2.2 多样的句式

句式应多样化,以便能流畅地从一个观点说到下一个观点,并使你的语言富有变化和节奏感。回顾八年级时的情景,你也许会想起一位疲倦的、过度工作的英语老师正试图将句子结构的概念填塞给满满一教室备感无聊的年轻人。你是否记得听到过诸如引导性状语从句和并列复合句这些东西?那是老师试图教你使用多样的句子结构。

在下面的例子中,注意句子间的流畅衔接:

> In a moment of sunlight, an aging Sicilian artist in 1919 yielded to the temptation of a beach scene. His palette was robust and dark, his opaque figures struck against the bright ambers of the beach. Luigi Pirandello, father of the Theatre of the Absurd, was the painter

no one knew about. ①

在阳光的一闪耀间，一位上了年纪的西西里岛艺术家在1919年陶醉于一派海滩景色的诱惑而作画。他的用色深而浓，不透明的人物与亮琥珀色的海滩形成强烈的碰撞。路伊吉·皮兰德娄，怪诞剧之父，作为这幅画的作者却不为人所知。

如果上面这个例子中光滑流畅的句群还不足以说明多样句式的好处，这里有一个使用单调句子结构的例子应该可以从反面证明这一点。

The career of Marjorie Lawrence should be an inspiration to all of us. She was a starring soprano with the Metropolitan Opera Company. She was born in Australia and studied music first in Melbourne. She then continued with her studies in Paris. She made her…②

马乔里·劳伦斯的职业生涯对我们所有人都应是个启发。她是大都会歌剧公司的领衔女高音。她出生于澳大利亚，最初在墨尔本学音乐，后来在巴黎继续她的学业。她……

3.2.3 连接部件

你所写下的文字的流畅度部分取决于连接词语的使用。使用连接词可以将你的听众从一个观点或短语带到下一个。“however”（然而）、“moreover”（此外）和“尽管”（in spite of）这类词语就在告诉观众你正从一个观点转入另一个观点。如果没有这些连接词，

---

① Arielle Ementt, “The Secret Life of Luigi Pirandello”, *The Saturday Review* (Washington), January-February, 1985.

② John E. Warriner and Francis Griffith, *English Grammar and Composition*, (New York: Harcourt, Brace and World, 1966), 250.

观点之间就会不连贯，观点中间就像有垫脚石，观众需要从一个观点跳到另一个观点，理解起来跌跌绊绊。类似地，你也需要在演讲的引言、正文和结论之间安排过渡句。

3.2.4 排比

排比是一种修辞手法，可以用来强调观点或为你的语词增添戏剧力量，能达到很好的效果。它通过将相似的观点装入相似的语法形式构成。举例来说，在约翰·F. 肯尼迪（John F. Kennedy）著名的劝诫“不要问你的国家能为你做什么，问你能为你的国家做什么”（Ask not what your country can do for you. Ask what you can do for your country）中，“Ask ... what”（问……什么）这种结构的重复能调动起观众的情绪，让这两个关键的主张突显出来。像这样的排比应该仅在表达你演讲中最重要的观点时使用。一旦你过度使用，观众就会忽视它。

3.2.5 多彩的词语

热情是能相互传染的。倘若你坚信自己要说的事情很有价值，请借助你的词语和动作与观众分享那种感受。让你的兴奋感来说明问题吧。

在选择用词的时候，尽力挑选那些能产生画面感的。感官词可以让你的观众去感受——触、尝、嗅、听、看，也是非常有效的，那些能生成动作画面——跳跃、舞蹈、飞行、飞跃、漂浮——的词语也是一样。这些词语能给你的演讲带来活力。

帮助你的观众将你正在描述的物体或动作具象化。你无须挥霍所掌握的形容词，或使用奢华过度的短语。你使用的词语可以简朴却无限感人，就像凯特·西蒙（Kate Simon）在她的书《更广阔的世界:一个青春期少女的肖像》(*A Wider World*:*Portraits in an Adolescence*)①里示范的那样。回忆起她的小学毕业典礼,西蒙描述了自己的父亲如何选择在这个时刻通知他具有雄心热望和灿烂才华的女儿只能去中学学习一年的秘书课程。有着十三年历程的生命体对这令人发寒的宣判回应如下:"我在这里站着,蹒跚于一麻袋的厄运之中,决意撕开它冲出去,我知道我一定会如此。(Here I stand, hobbled in a sack of doom, determined to tear out of it, knowing that I will.)"只一句话,使用了简单的词汇,却产生了何等的冲击力!

从更轻松的一面来说,用此类表达即刻创造出画面感的一个典型示例,是我最近听一位南美的政治评论员提到巴拿马的领导人时将他们称为"舒洁(Kleenex)领导人——你用过他们之后就扔掉"。

有些词语对于所描述的时间、地点和事物来说是如此恰当,以至于它们会在将来的许多年里依然是语言的组成部分。其他的则渐归于湮没。例如,尽管里根(Reagan)政府曾使用"脆弱窗口(window of vulnerability)"这个短语,但它却从未取代"导弹差距(missile gap)"而流行起来。另一方面,创造于杰罗丁·费拉罗(Geraldine Ferraro)副总统竞选期间的"性别沟壑(gender gap)",成为她选战活动的关键词;一些人说它"有启发性"。

设法保持语言的个性化和人性化。不要害怕使用"我"或者"你",而要避免使用冷淡无情的第三人称:"一个人必须带着警惕性地观察。(One must view with alarm.)"诸如此类。你的语言应传达到观众心里并拉近你们之间的关系。这里从约翰·斯坦贝克(John

---

① Kate Simon. *A Wider World*:*Portraits in an Adolescence*, (New Youk: Harper & Row, 1986, as quoted in *Time Magazine*(Toronto), February 1986.

Steinbeck)的《大地的象征》(*To A God Unknown*)中摘录一段文字。

> The frame of the house was standing, waiting for its skin, a square house crossed by inner walls to make four equal rooms. The great lone oak tree stretched a protecting arm over its roof. The venerable tree was tufted with new, shiny leaves, glittering and yellow-green in the morning sunshine. ①
>
> 房子的骨架矗立着,等候着它的肌肤,四方的房屋由交叉的内墙划分成四间等大的房间。伟岸孤独的橡树伸出臂膊护翼着它的屋顶。这庄严的大树由成簇耀眼的新叶装点,在早晨的阳光下,黄绿色的叶片闪闪发亮。

这段描写尽管看似简单,但斯坦贝克赋予了在建的房屋和旁边的大树以人格特征。他通过将房子描绘成"矗立着,等候着它的肌肤",将树枝描绘成"护翼的臂膊"实现了这一点。请就描述性短语练练手,以增强表达的画面感,同时保持简单的语言风格。

3.2.6 简洁

如果一位演说者在餐后这样讲:"我不准备发表演讲。大家尽情舞蹈,欢度今宵吧。"那就没有人能收获和他一样多的掌声了。简洁是要诀。

某个南非部落的习俗或许适于引进到北美。考虑到长篇大论对演说者和观众都有害,他们有一条不成文的约定:公共演讲者对观众讲话时须单脚站立。一旦另一只脚接触到地面,就是演讲结束之

---

① John Steinbeck, *To a God Unknown*(Cleveland, N. Y. :Word Publishing, 1933), 19.

时——倘使必要,也可以来硬的。①

我偏爱这个关于老师就短篇小说艺术指导他的年轻弟子的故事。

> "短篇小说,"他讲道,"必须包含如下要素:神性、王权、简洁和性。现在,请动笔写一篇短篇小说。"
>
> 一会儿工夫,一个男孩举手了。"我写完了。"他说。
>
> 老师吃惊地看着他,"能不能请你把这篇杰作念给我们听啊?"
>
> 年轻人站起来念道:"'我的上帝!'皇后说,'把你的手从我的膝盖上移开!'"
>
> 无须多言。

活动

暂时把你的演讲放到一边,做如下练习。将你的家人或朋友对你的工作不甚了解的方面粗略地列一个大纲。看看能否用本章中讨论过的理念,以一种吸引人的生动方式解释给他们听。在你成功做到这一点以后,再用批判的眼光审视你的演讲。在你认为必要之处进行改进。

3.3 小结

①语言的运用和所表达的观点对演讲的整体成功来说同等

---

① Prochnow, *Complete Toastmaster*, 64.

重要。

②啰唆、矫饰、委婉或有歧义的语言，对术语和首字母缩略词满不在乎的乱用，都会削弱你的演讲。

③有意识地使用主动语态而非被动语态以使你的演讲始终动人，并力求使你的语言具有流畅性和多样性。

④批判地审视你设计好的讲稿，特别注意你所用的词和图像。这些额外付出的心思会在你的演讲中展现出来。

第4章 道具、灯光和布景

观众怎样学

安排视听支持

设计和使用视听材料

选择统计图表

使用交互式计算机图形

理想的报告厅

主场和客场

我在长岛①的学校系统里教过多年英语。我决意不会让我的学生在没有进行多少辅助表演之前就经受试读莎士比亚的“苦痛”。我们手上唯一可用的改编自《尤利乌斯·恺撒》(*Julius Caesar*)的电影，是一部若干年前拍摄于西北大学②的校园习作，由一位名叫查尔顿·赫斯顿(Charlton Heston)③的学戏剧的年轻学生主演。这部电影确实难称一流，但这并不要紧。对我的学生来说，这部电影有情节、有人物、有意涵，而且本来在初次精读时对他们来说像是希腊语的无韵诗，经由学生演员的表述和诵读，竟然变得可以理解了。莎

① 美国纽约州东南部岛屿。——译注

② 美国一所著名的私立研究型大学，位于伊利诺伊州。——译注

③ 美国著名男演员。——译注

士比亚就此赢得了一批热情的拥趸，而不是感到厌烦的不情愿的读者。①

4.1 视听支持的力量

自20世纪90年代以来，教学设计者已经意识到在对新技能的教学中模拟和实践经验的价值超过了理论和传统的机械学习。高德纳咨询公司（Gartner Group）当时曾预言，到2006年，70%在市面上流通的软件和电子化学习内容会纳入某些模拟的成分。在那之后，关于危机应对和项目管理、科学可视化、高科技技能学习，以及众多其他应用的电子化学习模拟程序的爆发使得这家总部位于康涅狄格州斯坦福德市的智库所做的预测显得有点保守。

事实上，模拟可能是仅次于真实的身体/感官体验的最佳方式。不过，作为演讲者，你可以自由选择创造多样的模拟情境和真实的体验来"激活"（激励）你的观众，增强他们对你所说的话的记忆和感官印象。

请思考一下这件事。在《在20世纪80年代如何销售》（*How to Sell in the 1980's*）这本书里，作者引用的一项研究结果表明87%的学习是通过视觉进行的，剩下的是通过听觉和味觉。② 尽管具体的比例会因所引用的研究不同而变化，但毫无疑问作为视觉的结果而学到的东西的数量在我们全部的学习经历中占据主导地位。

---

① 后来，业内一些最好的演员——格温妮斯·帕特洛（Gwyneth Paltrow）、肯尼斯·布拉纳夫（Kenneth Branagh）、艾玛·汤普森（Emma Thompson）、梅尔·吉布森（Mel Gibson）、丹泽尔·华盛顿（Denzel Washington）、格伦·克洛斯（Glenn Close）、朱莉·克里斯蒂（Julie Christie），等等——一次又一次地为新生代的年轻人将莎士比亚的文本鲜活地呈现出来。

② Montgomery, *How to Sell in the 1980's*, 23.

做一个演讲者的要旨对你来说是清楚的:要和观众有效地交流,你所做的必须不只是“对他们不停地说”。用我以前的一位教授的话说:“讲不等于教。”如果能通过听讲座学会任何事,我们就都成了全优生了。

埃德加·戴尔(Edgar Dale),一位早期倍受尊敬的视听教学法的信徒,借助他的“学习圆锥”(Cone of Learning)理论,对于让人们理解视听元素对观众认知的重要性做出了很大贡献。① 豪厄尔(Howell)和博尔曼(Bormann)是明尼苏达大学的传播学教授,他们对于埃德加·戴尔的理论进行修改后,使之可以特定地应用于演讲方面。② 根据他们的理论,亲身体验是最好的老师。视听元素离开被教育者亲身体验越远,其教学的力量越弱。豪厄尔和博尔曼还在切身体验的意义下将视听元素区分出八个层次:模拟、演示、展出、电视和录像带、影片、录音和静态图片、视觉符号,以及语言符号(见图4-1)。

易见模拟同切身体验一样,提供给观众亲身参与的机会。其效力经由实际地刺激那些涉及参与感的感官而达成。模拟的一个典型例子就是航天员训练用的飞行模拟器。接下来的五个层次——从演示到录音和静态图片——让观众在一个更被动的水平上通过观看和收听进行参与。它们的效力经由唤起观众的共鸣而达成;观众能够将自身与被展示的情感联系起来,将被表达的想法具象化。到了底部的两个层次,观众的身体感官就不再活跃了。视觉符号,例如AT & T(美

---

① 对该理论的详细探讨,参见 Edgar Dale, *Audio Visual Methods in Teaching*. 3rd ed. New York:Dyden,1969.

② William S. Howell and Ernest G. Bormann, *Presentational Speaking for Business and the Professions*. New York:Harper & Row,1971,246.

亲身体验

1. 模拟
2. 演示
3. 展出
4. 电视和录像带
5. 影片
6. 录音和静态图片
7. 视觉符号
8. 语言符号

图 4-1 视听元素离开亲身体验越远，其教学的力量越弱

国电话电报公司）的标志或正义天平①，或是语言符号，例如可口可乐（Coca Cola）的“the real thing”（真实的事）或卜卜米（Rice Krispies）的“Snap，Crackle，Pop”（啪，噼，砰），只是让观众自行将其与先前已知的符号和图像联系起来。

那么，所有这些对你的演讲来说意味着什么呢？根本上说，可以归结为：

Tell me. I'll forget.（告诉我，我会忘。）

Show me. I may remember.（给我看，我能记住。）

Involve me，and I'll understand.（带我做，我能理解。）

——古老的中国谚语②

---

① 作为法律基础的公正道德之象征的正义女神，通常被塑造为手持剑与天平的蒙眼形象，其所持天平具有客观衡量证据、公平公正裁决的含义。——译注

② 一般认为这是《荀子·儒效篇》中“不闻不若闻之，闻之不若见之，见之不若知之，知之不若行之”一句的英文对应版本，但其究竟源于直接转述这句中国古文，抑或经过独立的形成过程后附于其上，未见定论。——译注

4.1.1 "带我做"

一个十分有趣的现象是，观众参与，这种让观众通过感受、观看、聆听、触摸、闻嗅而代入进来的手段，鲜少被使用。这无疑是因为安排这样的参与环节常常有太多的障碍需要克服。例如，要对观众解释计算机在工业生产中所发挥的作用，参观装配流水线将是极有价值的，但是在给定的时间范围内或是对于演讲对象群体的规模来说，安排这样一个行程或许就不可能了。

不过，观众往往还是能通过角色扮演、练习、应用活动等亲身参与进来。多年以前，我曾邀请黄忠良(Al Huang)来我们大学做一场演讲兼演示，他是舞蹈家、太极①专家、教授和作家。在此前从未谋面的情况下，我也为这样一位年轻人的到来而感到吃惊——他身着一袭传统的中国长衫，带有古典的中国画中儒家绅士的形象。当我介绍这位教授时，剧场里已经座无虚席。观众沉默着，像一贯的那样没有什么响应，坐在肃然的寂静中。

黄教授扫视了一下观众，开始演讲。

"我看到，你们在观察这件体面却古老的中国长衫。它很古老，没错。它原属于我的父亲。不过，请注意我在里面穿了什么。"他掀开长衫。"双面针织裤，T恤，"又指着自己的脚说，"牛仔靴。"观众笑了起来，也放松了下来。显然，这是一个靠谱的家伙。抛开关于太极的冗长解说，黄教授利用玩笑在几秒钟内让观众活跃起来，制造出片刻之前还不可能发源于如此神情严峻的一群听众的嘈杂。而正当人人乐不可支之时，他启动了讲解。他真是一刻也

① 太极是中国古代的一种集思想、身体和自然于一体的舞蹈和健身方式。

不迟缓！贯穿整个演讲，观众同他一道欣赏了太极的方方面面，最后他以20分钟对这门技艺的漂亮演示完美收场。我从未见过哪一群观众是如此着迷。

按类似的方式，汽车推销员的培训课程也可以鼓励参与者进行角色扮演：一个人演推销员，另一个人演客户。这样的20分钟远比两天前的演讲讨论会效果要好。

演讲者找机会让观众参与到自己的演讲中来。角色扮演不一定总是适用，但你也许能对你的产品进行演示或提供样品，或者模拟某个过程。各种大型会议上的无数展示能让你对于可用的有独创性的选项数目有个概念。如果你的观众可以观看、触摸、操作，他们就能记住。然而，就算你的演讲无法提供任何这种参与式的体验，也不要轻易认输，还有另外一种形式可用——对话。不管你在演讲过程中自始至终欢迎提问还是想把提问留到最后，对话能够带领观众积极地投入到演讲中来并帮他们记住关键议题。有些演讲者把总体性的提问环节放在最后，但在运用视听材料时欢迎观众提出与此相关的问题。这样做比在整个演讲当中开放提问所冒的风险要小，又能使你得益于在演出过程中与观众进行的一些对话。

4.1.2 “给我看”

如果你未能把握让观众参与到演讲中的这种奢侈，那就最大限度地利用“给我看”这一选项。你一定要仔细选择道具，不管是使用一张简单的活动挂图，还是使用复杂的幻灯片、视频或多媒体的演讲，或者是使用真实材料的一场实际演示。最重要的是你的选择要为你的演讲增添清晰度和感染力。如果你展示了一张复杂得难以解说的图表或一段不很切题的视频，那对你来说是弊大于利。

4.1.3 选择形式和媒介

在你写演讲稿时已经对那些需要视听支持或会因视听支持增色的观点作了记录。现在要确定在每一处你所希望达成的效果。你是试图演示一个过程,还是澄清一个观点?你是渲染某种趋势,还是描述一次特定事件所造成的物理破坏?或者,单纯是要形象直观地重述你的观点以增强其感染力。你的动因对你要选择的形式来说至关重要:照片、插图、漫画或动画、示意图、图表、曲线图、在线模拟、PowerPoint 中的要点式文本、视频,或是以上形式的各种组合。在每一个你想要阐述的观点旁边,大致记下理想的形式。

之后你务必要选取最佳的媒介,以及适合于你所选定的形式、观众规模和特征、演讲厅中可用的设施,还有可任你支配的产品资源。如果你想使用曲线图、图表,以及要点式总结,对于观众规模较小的情况可以选用活动挂图,而对于观众规模较大的情况则可以选用高射投影仪。此外,如果展示照片是必不可少的需求,那你就要借助幻灯片了。表 4-1 为你做这个决定提供了大量所需信息。

不要从幻灯片跳到高射投影,然后又跑到房间另一头的活动挂图那里,这会分散观众的注意力。你要选定一个整体上最适合你的演讲的媒介。如果你感到使用一种以上的媒介是必要的或可取的,那就安排分段来进行,从而让你的观众在你切换到另一种媒介之前有足够的时间先对这一种媒介建立熟悉感。

表 4-1　选择媒介

优势	劣势	理想的观众规模
黑板或白板		
• 普遍配置 • 易于使用且价格低廉 • 有利于开展逐步的讲解。观众只能看见你所展现的东西而不会被图表、列表等的全貌分散注意力 • 在演讲过程中便于改动 • 最低的技术难度	• 要求清晰可辨的笔迹和良好的绘画技巧 • 无法有效展示复杂图像（不能展示照片） • 占用演讲时间 • 有必要同时书写和讲话	• 5 ~ 30 人
活动挂图		
• 仍广泛适用 • 易于制作且价格低廉 • 可以提前制作 • 有利于逐步讲解 • 有利于一对一及小规模演讲 • 免于机械故障的麻烦	• 无法有效展示复杂图像（不能展示照片） • 缺乏强大的视觉冲击力 • 可能倾倒 • 要求采用厚重的纸张以防图像透过纸张显示出来	• 小型挂图（8.5″ × 11″①）适用于一对一情形 • 使用桌面画架的中型挂图（19″ × 24″）适用于 2 ~ 5 人的情形 • 大型挂图（27″ × 34″）适用于 5 ~ 20 人的情形
盒式录像带		
• 以有声活动阐释某个过程的最佳方式 • 盒式录像带易于使用且通常不会有故障	• 专业制作价格昂贵且费时	• 借助适当的设备，可以适用于几乎任何规模的观众

① “ ″ ”表示英寸，1 英寸 = 2.54 厘米。——译注

续表

优势	劣势	理想的观众规模
PowerPoint 演示文稿		
• PowerPoint 软件和投影仪几乎无处不在 • 可展示多种视觉材料类型(例如,照片/幻灯片、图解、插图、视频、表格、图表) • 让演讲更易于准备的预设版式 • 将视觉材料同文本要点整合起来 • 易于对视觉材料进行比较和对比 • 有能直接连到互联网的链接	• 在 PowerPoint 幻灯片中挤进过多文本和视觉材料的潜在可能 • 演讲者的“拐杖”——很多人是在读幻灯片,而非自然流畅地解说要点 • 一些 PowerPoint 设计模板显得呆滞或调子太“公司化” • 其人气妨碍了关于使用其他视觉和听觉展示形式,例如黑板、视图、直接演示等的清醒思考	• 适用于所有规模
动画/模拟和视频		
• 以有声活动阐释某个过程的最佳方式 • 激发观众参与和兴趣的强有力方式 • 采用简易漫画及说明文字的动画可以简化原本令人费解的材料 • DVD、YouTube、在线视频易于访问且通常不会有故障 • 观众学习复杂技能或流程的极好工具	• 制作耗时间且费用高 • 视频或动画质量可能不均衡甚或糟糕 • 在演讲过程中过度使用视频可能会让观众分心 • 观众处在黑暗中 • 模拟和动画可能会使直接演示和观众参与(当这两种手段可行时)减色 • 可能遭遇技术问题 • 需要认真排练	• 借助适当的设备,可以适用于几乎任何规模的观众

4.1.4　要素齐聚的制作环节

在很多公司有专业人士可供指派设计和制作视听支持材料。不管你是否享有这项好处,你都务必要懂得图像设计的基础,从而或能指导图像艺术家工作,或能自己制作视觉材料。舞台剧导演不必是布景设计师,但如果他们要从布景设计师那里获得想要达成的效果,就必须对此目标也有很清晰的理解。

在你开始制作视听支持材料之前,请检查下列事项:

①你能否说明每个视觉材料所要描绘的内容及你试图达成的效果?

②你是否确切地知道每个视觉材料要用于演讲中的哪处要点?

③你能否描述视觉材料之间的关联?

④每个视觉材料都是不可或缺的吗?你是否安排得足够或者过多?安排得过多,并展示得过快,会让观众感觉好像被佛罗里达的开发商迫使着购买沼泽地。①

⑤每个视觉材料是否可以自己立得住脚。每个视觉材料应简明、清晰或戏剧化;每个视觉材料所建立的观点都应清楚到不需要一大堆解释观众也能理解。

⑥如果打算复制一个视觉材料,你是否需要获取版权许可?

---

① 美国佛罗里达州拥有面积广阔的沼泽地。而"佛罗里达的沼泽地"(Swampland in Florida)是一个常用的美国俚语,指一种具有数十年历史的房地产欺诈手法,即拿不可开发的沼泽地冒充建设用地出售,受迷惑者众多;也形容某些人易被古老的骗术蒙蔽,花大价钱购买无价值之物(并不意味着沼泽地本身没有其他价值)。——译注

⑦你是否在以最有效的形式使用统计图表(参见下文的“设计统计图表”部分),以避免出现过多的数字?通过比较和强调趋势而非原始数据阐明统计关系。

⑧你想要呈现什么样的画面?是激进的,保守的,华丽的,滑稽的,还是严肃的?你的视觉材料应补全你通过口头演讲试图呈现的画面。

当每个问题你都能回答得令自己满意时,你就算是准备好要开始制作了。如果你是与设计师合作,请向他解释你的想法。你可以向他建议你的任何创造性想法,但也要让设计师的创意和经验为你所用。你始终可以驳回你觉得出格的想法。

如果你在自己制作视觉材料或在检查由他人制作的视觉材料,可参考表4-2中的制作窍门。并且记住,出色的演讲有赖于练习。这一点没有比在使用视听支持材料的情况下更显得其重要的了。如果你的图表难以识读或者你的幻灯片或投影仪在演讲的中途卡住,那么你演讲的连贯性和效力就将受损。练习使用你所选择的媒介或媒体,并听从表4-2中的演讲忠告。

(1)设计统计图表

通常,一连串的数字不怎么能深入人的脑海。一幅形象的插图应撷取原始数据并将其解释给观众——自然,这是为了支持你正在确立的观点。统计图表有三种主要的类型:饼图、折线图和条形图。

表 4-2　产生最佳结果

制作窍门	练习与演讲
黑板或白板 • 每个字母至少 3″高[1] • 变换粉笔或马克笔的颜色以示强调 • 结合印刷体和手写体形成对比 • 对难画的示意图,事先轻轻勾画轮廓,演讲时再用笔描画出来	• 练习在讲话的同时书写 • 站在书写板的一侧,与观众保持眼神交流 • 手边备有额外的粉笔、马克笔、板擦 • 在演讲中保持书写板除设计好的要点外干干净净 • 书写时笔端如发出刺耳的声音,可将粉笔折成两半或调整马克笔的角度 • 在继续推进演讲进度前,给予观众足够的时间阅览和吸收视觉材料的内容
活动挂图 • 使用大号印刷字体;每页不超过 6 行,每行不超过 6 个单词 • 为提高书写速度和辨识度,使用超宽笔尖、可充墨水的马克笔 • 如有事先准备,可使用 1″—2″高的机打字体 • 避免用薄得透明的纸张,如果一定要用就用轻薄型纸	• 练习在讲话的同时书写 • 练习从一页挂图衔接到下一页 • 站在图表的一侧,与观众保持眼神交流 • 查验图表的尺寸是否适合观众规模和房间大小 • 如果使用海报纸,将第一页的图像盖住,以免观众先行被分散了注意力

① “″”表示英寸,1 英寸 = 2.54 厘米。——译注

续表

制作窍门	练习与演讲
活动挂图 那就把两页钉在一起,这样背面的图像就不会透出来 • 在纸张上部留出足够的空间(至少3″),以便用夹子固定和翻页 • 如果使用海报纸,要确保它有足够的厚度立在架子上	• 从最后一页往前翻,向下而不是向上翻页
PowerPoint 演示文稿 • 将文本要点编排紧凑,然后再编辑,使其清晰、简明、有冲击力 • 为文本和背景选择简单且高对比度的颜色和字体。文本应让房间最后一排的观众也能轻松阅读。演讲前检查文本 • 避免将太多的插图、照片或文本要点挤进一张幻灯片。留一些扩充解释的内容在备注页上或口头语言的实际发挥中 • 清晰地标注图片和表格,但避免不必要或喧宾夺主的标注,或是让图表和曲线图产生不必要的凌乱感	• 避免照着 PowerPoint 幻灯片读。仅用自己的话强调最关键的要点 • 如果使用了多媒体,在演讲前检查链接和视频音频的质量 • 计算演讲时间时将这些额外的视频片段时间包括进去 • 确保所有的技术设备能够运转并连接上,包括投影仪和扬声器。携带存有演示文稿备份文件的 U 盘,以及标有备注的打印稿

饼图(见图4-2)有助于比较整体的各个部分。如果你的演讲中有“份额”(Share)、“百分点”(Percentage)和“分解为”(Breakdown into)这样的词汇,可以考虑使用饼图阐释你的观点。

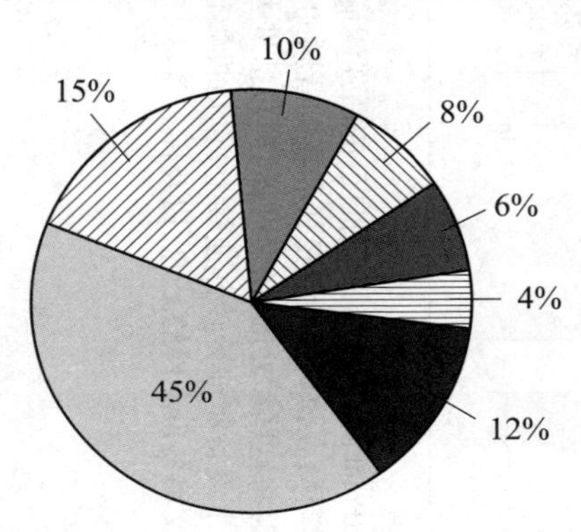

图4-2 解说整体的百分比构成时饼图是理想选择

折线图(见图4-3)用于演示一种趋势。如果你希望展示增加、减少、增长、波动或是稳定,那就使用折线图。

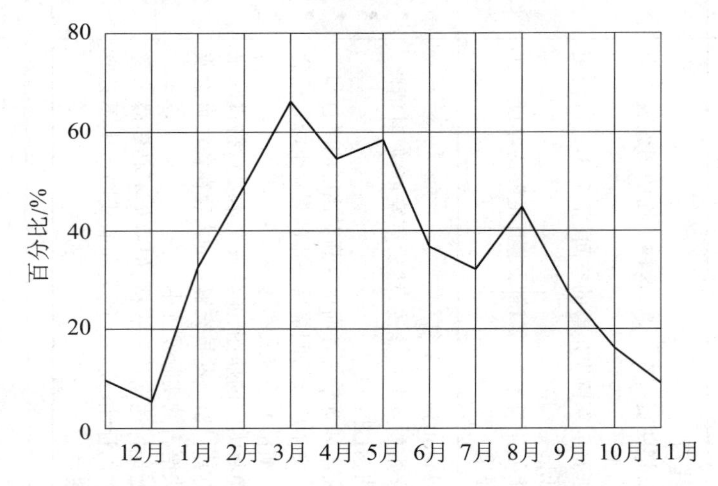

图4-3 折线图使一个趋势中的峰值和谷值更引人注目

条形图(见图4-4)最具有灵活性。你可以借助它演示一种趋势或一个整体的各个组成部分。分割条形图(见图4-5)在展示可比较的数据方面非常高效。

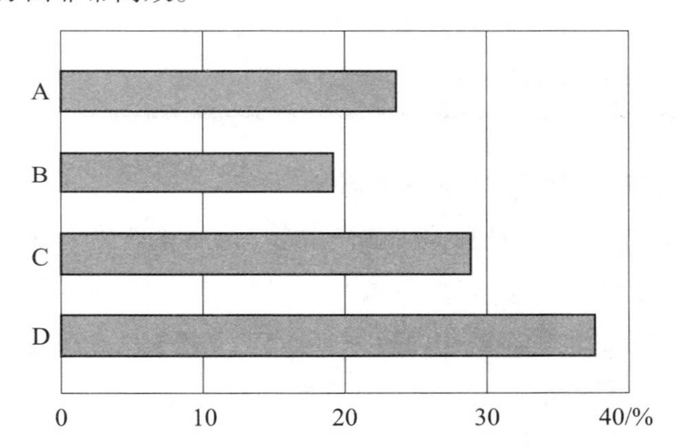

图4-4　条形图可以用来解说趋势或一个整体的各个组成部分

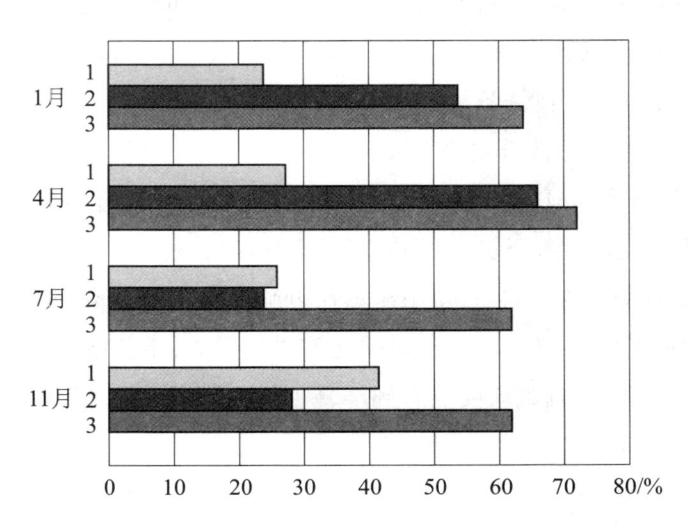

图4-5　分割条形图可强调表现可比较的数据

活动

选择你的演讲中可以通过统计图表来阐释的观点。考虑统计图表的各种类型并判定能够最好地展示你的观点的那一种。为你将要使用的图表画一个粗略的草图。

(2)以电脑为生:收益与风险①

计算机图形能为商业演讲增光添彩。在你的个人电脑上的交互式图形的帮助下,你可以展示盈亏、高技术含量的条形图和三色饼图、节录自你的电子表格的内容,并可能就此把握住了一笔“买卖”。当然,你也可能会脸孔着地结结实实跌一跤。设想一下,如果你正试图向董事长陈述一个关键观点,这时电脑屏幕上突然开始闪现诸如“Dividend Overflow”(除法溢出)和“F10 error -40”的图形程序错误信息,那么会发生什么。尽管你可能最终得以确立你的观点,但你的演讲也必定会受到拖累。

尽管使用大部分的图形演示软件不再是一种风险(尤其是在PowerPoint和CAD/CAM/CIM②及其他动画/可视化软件包已经调试和简化的情况下),但要在“实况”现场实现一次完美的演示可能仍是有困难的。例如,使用显示在电脑屏幕上的图像仍需辛苦地排练和计时。你必须为自己确保在演讲过程中,不仅技术设施可以有效地运转,而且观众要能看到屏幕。你可能还需处理因投影仪故

① 这一部分由艾素珊(Arielle Emmett)所著。她是纽约《交流顾问》(*Communications Consultant*)的主编,并与大卫·加贝尔(David Gabel)合著《直接关系》(*Direct Connections*)(New American Library,New York,1986)。

② CAD:Computer Aided Design,计算机辅助设计;CAM:Computer Aided Manufacturing,计算机辅助制造;CIM:Computer Integrated Manufacturing,计算机集成制造。——译注

障或断电,PowerPoint 莫名其妙地乱序播放,或缓慢的互联网连接所导致的小差错。即使你已经将整个演示过程排练了许多次,其他的技术问题仍有可能发生。

最佳建议是常备有候选方案甚至是备用技术,包括将电子演示文稿存储在移动硬盘或 U 盘上,将电子演示文稿设计成不借助视频或互联网也能成功运用,以及"实体"的备注打印稿和插图,以备所有的技术手段失效时使用。

比起手工制备的图形,电脑生成的图形还有许多优势:它们能被大批量地快速生成,改动可以进行到最后一分钟。在不借助图形设计师技能的条件下,电脑同样能创造出在审美上令人满意的图像——这对没有艺术部门支持的专业人士来说是一个福音。

但它也有缺陷。除了决定使用何种类型的图形外,你还必须确定布局、颜色的选择、屏幕分辨率,以及最终的输出形式。一些图形软件包可以生成数百万种颜色、数十种不同的图表和图像,所以它们对缺乏经验的用户来说会成为一种类似"婴儿护栏"的东西,使得他们在尚未对简洁所能达成的效果深思熟虑时就填塞了太多的颜色和杂乱之物。

(3)视觉材料检查列表

无论你的视觉材料是由专业人士还是你自己制作,是通过电脑还是手工,是用于幻灯片展示还是活动挂图,它们都应经过如下检查列表的逐项检验。

①每个视觉材料都很有趣吗?如果不是,它会为你的演讲增添什么吗?它是必要的吗?

②每个视觉材料是否易于阅览和(或)解释?你是否避免了无用的标签和烦琐的修饰?你能在不丢失信息的前提下作简化吗?你测

试了最远距离观众的可视性吗？

③你有没有将所使用的颜色限定在对比强烈的主要几种？当你重复提到某项特征时是否使用了同种颜色来帮助观众跟上演讲的节奏？

④你是否投射出想要呈现的画风——进取、悦人、滑稽，或是严肃？

路标 第二部分的练习做得怎么样了？我们很快会带你进行排练。你准备好了吗？

4.2 演讲厅

许多著名的大公司拥有高科技的演讲厅，为演讲者配有非常精致的设备，并为会员观众提供奢华的舒适体验。我们中的大多数人只能梦想在这样一套设施中演讲，但请记住，在一个更为谦恭的气氛里你同样可以表现出色。

4.2.1 理想情况

理想的演讲厅装潢典雅，具有并不炫人眼目的协调色调。不刺眼的照明灯光是基本要素。强光会同时刺激观众和演讲者，且产生过多的反射光，从而妨碍投影仪、图表和书写板的使用。而低亮度的照明又易使听众昏昏欲睡，特别是在一顿令人满意的午餐之后。地毯、墙壁及各种配件应协力消减一切回声和不想要的声音，窗帘应足够不透明，以应在展示视觉材料时阻挡日光之需。

温度控制也很重要。一个考虑着冷热的人不会专心听你的演讲。不过,也需意识到的实情是,一些空调机组会造成更大的麻烦。几年前我观看了一场在一个有1800个席位的高中礼堂精彩上演的《国王与我》(*The King and I*)的彩排。彩排期间,无论是旁白还是音乐部分,我都领略到演员洪亮的声音轻松地穿透过来。数天后还有一次午后场演出。随着热气充盈室内,空调被打开了。不出片刻我便觉察到舞台上的苦恼,随之而来的是观众们抱怨听不到演员的声音。空调发出了恼人的嗡嗡声,但更糟的是,它似乎掩盖了其他声音,以至于舞台上的人声如在数里之外。在这种情况下,有人明智地在迅速关掉了空调;不然,一场优美的演出就被毁掉了。

演讲厅的座位应当是舒适的,但又不能太过华贵柔软以致引发瞌睡。如果不使用常见的长方形会议桌或U形桌(它们的优点我们一会再谈),就应使用一些在一侧能坐2~4人的小一点的桌子,其数量取决于房间的大小(见图4-6)。每一位观众应当有足够的桌面空间来做笔记、放置饮料和个人财物。没有什么比不得不把各种小物件放在地板上或像玩杂技一样放在大腿上更令人烦心的了。

当然,可供演讲者使用的基本配备还应包括屏幕和投影仪,横贯整个房间的黑板沿一侧墙壁安置以便从任何角度进行讲解,还有用于展示活动挂图的架子。投影屏幕最好悬挂在天花板上,并带有屏幕倾角调节装置,以防止高射投影时的梯形失真(图像变形)。

为了让演讲者始终居于掌控的位置,理想情况是在演讲台上安装有对灯光、音响和位于小隔间的投影仪的遥控装置。在较大的演讲厅里,还十分值得配备演讲台和投影仪小隔间之间的对讲系统。

如果要使用计算机图形,房间内应事先规划配置必要的设备。

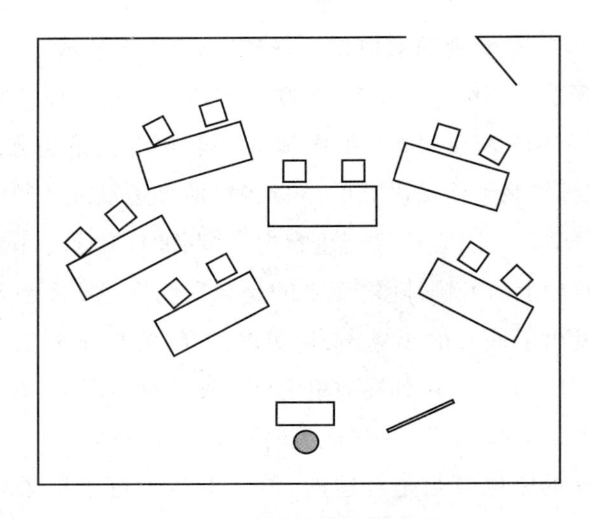

图 4-6　采用小桌子的座位

4.2.2　客场

因为你要发表演讲的场所的品质至关重要,所以预订一个远离平常所在办公楼的演讲厅的花费有时是值得的。不知何故,恰恰是在外部举办会议这一行为赋予了会议场合更加隆重的气氛,而观众也会更专心地聆听。

如果你决定走这条路线,那就去寻找一个有理想演讲厅特质的房间。在你预订之前要仔细、全面地检查一下,以确保房间的大小合适。一个很大的房间要是只容纳了十几个人就会感觉像一个回音室,结果对演讲者和观众一样是破坏性的。出于类似的原因,如果芭蕾舞剧团没能很好地吸引到观众的话,剧院经理常常会提供免费或大幅折扣的入场券。他们是想要避免 1800 个座位的剧场只入座了 400 位观众的那种空旷洞穴般的景象。

另外,要检查隔音效果。查明什么人将使用你隔壁的房间,并作何用。没有什么比你发现自己挨着酒店的大舞厅,有乐队在里面为派对持续营造气氛,或是诙谐的午餐会发言人每隔20秒都会在观众席激起哄然笑声更令人不安的了。

你还要确保出入口在和你演讲区域相对的房间的另一头,这样姗姗来迟者就不会打扰到你或观众,而那些需要提早离开的人也不会因此制造一阵小骚动了。

就任何演讲厅来说,一般情况下你必须能够控制照明,展示视听支持材料时尤其如此。要确保适当的区域内光照充裕,如果展示视听支持材料需要,也能在特定区域调暗。举例来说,在几案、桌子或讲台上必须有灯光照明,这样你便能够看清备注笔记,而足够的光打在你的脸上,观众就能看见你的表情。很多次我全程参加大型会议,坐在那里听一些非常好的演讲者演讲,而让我感到非常尴尬的是,在这之后我却认不出他们来。天花板上的光线很好,他们的脸却谜一般地掩藏在阴影背后。

照明开关应妥善标记并安置在合理的地方,理想的做法是放在靠近演讲者的位置并由演讲者来控制。要确保窗帘在你需要房间暗下来时真的能阻挡外界的光亮。要检查所有的电源插座,前面的、后面的和侧面的,确保它们是可用的并足够供所需的全部电力设备使用。还要确保有额外可用的延长线,并弄清是否存在一个必须用它来接通整个房间电源的"隐秘"的总开关。

4.2.3 客场表现

通常,无论是作为主场还是客场的演讲者,你都无法完全掌控你的演讲厅。你得要"自由应对"(Wing it)——到那里去并献上演讲。如果你不清楚可供使用的设施的情况,就要确保你的视听支持材料是简易的和(或)便携的。你总归可以用高超的技巧取得很好的演讲效果。

你到达演讲厅后,在开始之前可以先花几分钟检查视听设备、照明系统和座位安排等。检查场内的可听性和可视性——你的重要伙伴。如果你做出细微的调整,大家都会理解的。

4.3 选择座席方案

如果你有权控制座席安排,要选择最符合你计划中演讲类型的座席方案。如果你期望有大量的反馈和互动,那么座席摆放应使观众不仅能看到你,而且观众之间也都能互相看到。礼堂式的座席风格,在观众面前设置一个讲台,则容易限制观众的参与。

一般来说,对于25人左右的群体,沿一个大的长方形会议桌的三边就座似乎是通行的方式。但由于演讲者和大部分听众之间的疏离,这样可能会产生一些威吓感,就像那令人敬畏的圆桌一样。我更喜欢U形桌,座席只设置在U形的外侧,因而演讲者可以在中心区域活动并自由走动,和每位观众保持更密切的接触。理想的情况是,U形封口的一端也不设座席,这样演讲者在演讲时可以在不同的时间站在桌子的任何一端(见图4-7)。但是,如果是这种方案,你要注意不要在桌子中间不停地来回走动,也不要背对着任何一位观众站立不动。

当然,所有这些是针对较小规模的观众而言的。如果你计划对百人以上的观众作演讲,礼堂式的座席方案是最可行的。

研讨会的参加者有时会问的一个问题是:“首席执行官坐在哪里?”答案让我想起了那个人类学家将一只巨型大猩猩带回美国以期

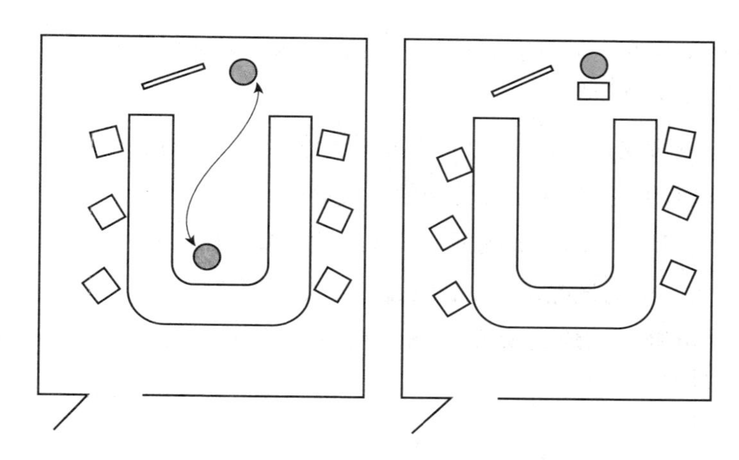

图 4-7 U 形桌的座席安排和使用方式

研究其对"文明"环境的反应的故事。一位好友在观察了这头强大的猛兽后,问道:"它到底睡在哪?"人类学家答复道:"任何它觉得甚是满意的地方!"

换言之,你不能真的为首席执行官或任何其他高层管理人士作"安排"。然而,由于首要管理者常常最后才到,你可以特意确保将舒适的席位预留给他和一两个可能的陪同人员。当你进行观众分析时,设法弄清这些关键人物是否有席位偏好。

在设有会议桌的小房间里通常不会有什么问题。在大房间里,保留几个靠前的、观看视觉材料视野极佳的席位将是明智的做法。准备好差人在门口引导要人及可能的随行人员在保留的席位就座。常识告诉我们,这样的举动要低调,否则可能会冒犯他人。

4.4 小结

①我们的学习只有较小的比例是我们耳闻的结果,因此,你必须

使你的演讲在任何可能之处“可视化”。这可以通过演示、参与和视听支持来做到。

②视听支持材料应能澄清、渲染和强化你所表达的观点。每个视觉材料的目的将决定你选用的材料形式。

③你所用的媒介部分取决于材料形式,但也由观众的规模和特征、演讲厅中的设施及可由你支配的产品资源决定。

④电脑上生成的交互式图形会令人印象深刻,为你带来很多好处。

第5章　从排练到演出

加强讲故事者的技巧
为成功而排练
从容应对提问
让紧张为你服务
为你做紧张的工作
登台时和演出后

没人会天真到以为总统和首相生来就是强大的演讲者。即便亚伯拉罕·林肯(Abraham Lincoln)这位以演讲而闻名的人,也是带着一种可能会令今天的广播电视工程师都受到技术挑战的尖锐刺耳的嗓音开始他的事业的。① 所谓"天生"的演讲者所具有的那种从容感和信服力,多半源自"练习,认真的自我评价,继之以更多的练习"这样一个过程。在准备一场演讲时,正如对任何专业的演出一样,认真地排练对于取得成功是必要的。

---

① 托马斯·凯利(Thomas Kelly),纽约奥尔巴尼锡耶纳学院美国历史系教授,转引自"I cannot tell a lie. No, really", *Toronto Globe and Mail*, 3 Nov. 1984.

5.1 加强讲故事者的技巧

没有什么比在加强有效讲述幽默的和个人的故事所需的技能方面练习显得更重要的了。尽管我不信有人可以提供给你一个如何才能有趣的公式,但你仍有一些事情可做,以磨砺那些技能。

劳伦斯·奥利弗爵士(Sir Laurence Olivier),在早年的事业成型期,曾请一位优秀的英国女演员给他一些关于如何做到有趣的建议。她想了一会儿,然后说:"做出一些出乎他们(观众)意料的诠释。"这是一种办法。另一种是观摩电视上喜剧演员的表演,看你能否弄清他们收获笑声的手段和时机。也观察他们对面部表情和身体动作的运用。留意他们自嘲短处的频率。当观众对此发笑时,他们发出的并不是嘲弄的而是出于共情的笑声,因为观众与那位喜剧演员的感受相通。每当我向观众示范过若干种紧张所致的特异反应后,笑声都会因观众从中认出了自己而涌起来。

所有的故事,无论是简短的还是长篇的,都具有相似的特性。它们开头,沿着自身的脉络发展到高潮,然后结尾。当你以一个惊奇或幽默的结尾收场时,人们会欣然地广泛予以回应。时机是至关重要的。没有什么和恰到好处的停顿一样有价值。看看鲍勃·霍普(Bob Hope)是怎么做的——在这方面他是位大师,或者比尔·科斯比(Bill Cosby),他同样是个行家。

不要试图模仿。通过和朋友练习发展你自己的风格。观察他们的面部表情,看看哪句台词引发了轻笑,哪句则引来了大笑,你也能学会相应地调整自己的节奏。假以时日,你会找到最适合的幽默类型。

在最近一个专业教育秘书的研讨会上,我目睹了实际操作中的三种不同风格,而每一种都同样有效。第一位演讲者,以一种面无表情的方式,爆炸式地说出了一大串俏皮话。第二位用一系列友善的奚落来活跃演讲。第三位,也是主旨演讲者,则讲出了一组相当有名的玩笑话的个人版本。他讲得那样有趣而又切题,使我禁不住将其再现于此。也许你能结合自己的团体组织进行改编。

Superintendent	*督学*
Leaps tall buildings in a single bound	一跃便能跨高楼
Is more powerful than a locomotive	力气大过火车头
Is faster than a speeding bullet	速度赛过子弹头
Walks on water	水面凌波而行
Giver of policy to God	发号令于神灵
Assistant Superintendent	*副督学*
Leaps short buildings in a single bound	一跃便能跨矮楼
Is more powerful than a switch engine	比调车机车力气大
Is just as fast as a speeding bullet	和子弹速度一般快
Walks on water if the sea is calm	走在平静的海面上
Talks with God	与神灵可交谈
Principal	*校长*
Leaps short buildings with a running start and favorable winds	顺风助跑跨矮楼
Is almost as powerful as a switch engine	力气堪比调车机车
Is faster than a speeding BB	速度赛过 BB 弹
Walks on water in an indoor swimming pool	室内泳池水面走

Talks with God if special request is approved	与神交谈需特批
Assistant Principal	*副校长*
Barely clears a quonset hut	勉强跳过圆拱屋
Loses tug-of-war with a locomotive	力敌惜败火车头
Can fire a speeding bullet	能打子弹驰速疾
Swims well	水中泳技亦称佳
Is occasionally addressed by God	偶谒神灵得宣教
Department Chairman	*系主任*
Makes high marks on the wall when trying to leap buildings	跃楼不成留刻度
Is run over by locomotive	惨遭火车头碾过
Can sometimes handle a gun without inflicting self-injury	时能弄枪无自伤
Dog paddles	游泳采取狗刨式
Talks to animals	与动物可交谈
Guidance Counsellor	*指导顾问*
Runs into buildings	跑步进入建筑物
Recognizes locomotives two out of three times	三番两识火车头
Is not issued ammunition	弹药未曾得配给
Can stay afloat with a life preserver	凭救生圈能漂浮
Talks to walls	与墙壁可交谈
Teacher	*教师*
Falls over doorstep when trying to enter buildings	欲入楼绊倒门阶前

Says, "Look at the choo choo."	说道:"看那火车车。"
Wets himself with a water pistol	使用水枪湿自身
Plays in mud puddles	玩耍泥潭水坑间
Mumbles to himself	喃喃自语语含混
Secretary	*秘书*
Lifts buildings and walks under them	举起大楼底下走
Kicks locomotives off the track	踢火车头出轨道
Catches speeding bullets in her teeth and eats them	齿接子弹更吞之
Freezes water with a single glance	一瞥能使水成冰
She Is God!	她就是神!

如果你是那种不爱讲笑话或滑稽故事的人,问问自己这是否因为你无自信能讲得得宜,或你着实未在大多数人讲的故事里找到太多幽默感。幽默有许多种类型,每个人都对其有个性化的反应。一些人在电视情景喜剧面前纵声大笑,另一些人因闹剧笑得抽搐,还有一些人则对诙谐台词和妙语警句很有感觉(萧伯纳和奥斯卡·王尔德戳到了他们的笑点)。如果你真的对使用任何类型的幽默都感到不自在,那就不要安排在演讲中使用。

取而代之,你也可以把精力集中在其他类型的有意义的支撑材料上。故事不必让人笑到肚子疼才算有趣;它可以是一个温暖的个人故事,一则切题的寓言,或一个重要的个案史(case-history)。在你使用一个故事前,回忆起所有的细节:物理环境以及与事件相关联的情感、味道、颜色、气味——任何能使你的故事变得鲜活的事物,不管是在你的记忆还是想象中。之后,把它讲给你的家人或朋友。观察他们的面部反应,确定是哪些细节引起了这些反应。然后,编辑这些细节,再对其他朋友进行试验。这个过程将帮助你发展出对制造高潮所需细节要素的感觉,还有对讲话时机的感知力——都是健谈者的必要技能。

5.2 关于风格的特别提示

没有人是靠"涂抹上去"发展出自己的风格的,风格是经过时间的积累而获得的;不过,对于要获得的风格类型,你倒是可以有所作为。

在这个专业化的时代,很多人在自己的领域发展专长,习惯性地定期阅读专业书籍和期刊,但只偶尔匆匆浏览报纸或满足一般趣味的杂志来"把握全局"。他们不花时间去注意其他来源的信息、灵感和乐趣。

花些时间来扩展你的兴趣。逛逛图书馆,将一些你自从完成学校的学业后就没读过的古老经典带回家。试着去听音乐会,去剧院看戏,或参观美术馆。看看有哪些特别的展览正在当地的博物馆展出。如果你能腾出时间,那就学习一门外语。去供应异国美食的餐馆品尝品尝。

尝试一下上述所有项目或其中的一部分,但只执着于那些你真正感兴趣的活动。随着时间的推移,你多样的兴趣将体现在你的"风格"中。当你扩充了你的阅读面和一般性的知识,你会发现自己与更多的同事具有了更融洽的关系。你在商务演讲中可利用的资源也会增加,并拥有一个可以在提问环节、一对一讨论和会议中发挥作用的更广阔的知识面。而且,在所有这些之外,它还会为你的日常流程增添数小时的欢快和娱乐。

路标 你现在应该已经朝着第二部分的末尾迈步前进,并建立起了一套对声音和形体的练习程序。带着这些技巧进入到排练中。

5.3 排练开始

在你开始排练之前,花少许时间思索一下非语言信号(non-verbal cues)对于演讲成功的重要性。研究表明,非语言信息被记忆的程度要高于语言信息。想到这一点,在整个排练过程中就要专注于保持你的手部和身体动作放松。记得要与听众保持目光接触,你的面部表情和声调要富于变化,并练习摆出漂亮和自信的姿势。这些事情对于一场强有力的演出来说和你的言语一样重要。

你的演讲现在已经被仔细地规划了,你对所选择的支撑材料感到合意,并对所准备的案例有信心。至此,你便准备好开始排练了。你的准备不仅会为你的演出带来信心,而且还会带来可信度。要想让观众心悦诚服,你演讲的每一个方面一定要"发自内心"。如果某个情绪像是伪造的,观众可能会怀疑演讲的真诚度以及你个人的诚信。

你的行动和言语都必须是可信的。你在排练过程中使用的手势应该是有意义的;练习这些手势,直到它们对你来说完全自然。

当我的小女儿三岁的时候,她总会是第一个在门口迎接我回家的人。有天晚上,在经历了一个特别艰难的白天之后,我试图以一个夸张的欢快问候掩盖我的烦闷。我一把将她抱在怀里,给了她一个结实的熊抱(bear hug)和一个温润而响亮的吻。然后,我把她放下来。我可以生动地回忆起那双蓝色的大眼睛向上注视着我,顿了一顿,之后问:“出什么事了,妈咪?”

一场有说服力的演出需要郑重其事的排练(图 5-1)。

图 5-1　即便在练习时,演讲者也应当对自己的话题乐在其中并充满自信地演讲,这样才会引起听众的兴趣

5.3.1　第一次排练

你的第一次排练应当是在家里把演讲整个过一遍,并用录音机录下来。在演讲过程中你可以随意参看你的备注笔记或大纲。然后,带有批判性地仔细听自己的录音。首先,听你的语言。它是自然的吗?它是否显得过于生硬或者抽象?如果你会被某个词语绊住,不要勉强,直接把它们换成更加“朗朗上口”(trippingly on the tongue)的词汇。你所选的词语应当听上去就该是出自你口。如果你对此感到困难,回顾一下第 3 章的内容。记住,不要市井语言,也不要“煽惑”(loaded)式的表达。删去那些老套、说过头的短语和无意义、无生气的用词。

在表演课上,为了鼓励演员在一场戏中达成目标,有些导演会说:“把你的活动演出来。”好的导演则使用描述性动词:“抓住他的注意”或“吸引她与你共进晚餐”。使用主动性的动词描述场景,能使之更容易被表演出来。你选择用词也务必如此。你是否选择了鲜明闪亮的语词,制造出形象的画面并刺激了感官?你使用的语言投射出你所期望的画面了吗?

继而,听你的逻辑。你的观点是否以一种结构化且合逻辑的方式被表达出来?它们是否由引导观众从一个观点行进到下一个的桥梁连接了起来?你的内容是否包括了对目标、主要观点、论据和结论的必要重复?在你对于“售卖”的焦虑中,你记得使论据多样化了吗?你有效利用了幽默、轶事、寓言等手法了吗?

现在,听听你的观众的看法。你告诉他们在演讲中能为其提供什么了吗?他们将如何受益?你是否让他们一直专心?你是否用提问使他们保持警觉和参与?

接下来,听你的声音。其中是否带有呼气声?你是否会听到自己还没说完一个短语就已气短?你的声音在句子的末尾趋于消失了吗?声音是否太尖锐、刺耳?或者,如果你生就一副低沉、浑厚的嗓音,那么它是否缺乏抑扬顿挫?它会让观众昏昏欲睡吗?你的措辞如何?是否能传递你的信息?你有没有使用“意味深长的停顿”(pregnant pauses),还是匆匆忙忙把一切都赶着讲出来?你有多样化的声调吗——有些读音上扬而有些下降?节奏如何?句子间在韵律和节奏上有变化吗?是否其中一些缓慢而悠长,另外一些则飞快地“随意抛出”(throwaways)?你喜欢所听到的效果吗?

最后,检查时间。将演讲保持在分配给你的时限之内,这和广播或电视采访的时间控制同样重要。如果给你的时长是二十分钟,那么在录音时不要让提问环节之前的讲话部分超过十四分钟。当你实际站在那里演讲时,由于要使用视听材料、花时间走动、和观众进行持续的眼神交流、注意观众的肢体语言,你会比讲话录音消耗更多的时间。而且,别忘了你录下来的讲话可能多少还停留在“书面”阶段;你必定不会逐字地把它讲出来,也不会把它完全背下来,所以实际的演讲会花掉更多的时间。

5.3.2 第二次排练

我建议你不要把演讲稿背下来的原因是你可能还不具备经验丰富的演员那种能让背诵的脚本表现得自然而鲜活的技巧。你的表现有可能听上去就是在背词而且是造作的。此外,一旦忘了一句词,你还要面临一个难熬的修补过程。另一方面,照着讲稿宣读也不是办法。甚至在朗读时也许更难表现得热情和自然。理想的情形是演讲让人听上去仿佛你就是这样一位领域内的专家以致相关数据浸透了你意识清醒的个体存在。没有“必要”去背诵或朗读。写下来的演讲稿仅仅只是你基于其上展示观点的框架。

有些指导者建议记住开场白,这样你就能以一种积极、自信的方式开讲,用仔细推敲过的简洁语言,讲述一个完美无缺的开篇趣闻,继而再展现出你的观点列表。不过,我的建议是记住基本的要点和你想要呈现的顺序,排练从而使讲话来得轻松自如,但未必每次都用相同的言辞。

你当然可以使用备注笔记作为提示,或是在索引卡片上以排列要点的形式,或是在 8 英寸 ×10 英寸的纸上以大纲的形式。对这两种形式的笔记都应仔细标注编号,以防突然散落。我自己偏好于索引卡片。最主要的原因是,它们可以被收纳在一只手的掌心里,以便你腾出另一只手来做手势、指画、书写、翻活动挂图,等等。如果你需要将双手都解放,如更换幻灯片时,你可以把索引卡片用橡皮筋捆扎后以一个简单、不显眼的方式放下来。使用索引卡片也使你免于紧张所致的一个特别令人尴尬的症状——颤抖的纸张。然而,如果你更喜欢向下瞥看一张让人心安的、有逻辑的、展现着你整个观点列表的纸页,那就只管使用这种纸页的形式,特别是当你不会受制于颤抖的手或是可以将大纲放在桌上或讲台上时。无论是使用卡片还是大纲,练习向下一瞥浏览笔记的能力,从而保持与观众的眼神接触。

你现在已为第二次排练做好了准备,这一次是单独面对镜子。把它想象成一次试演。不要遗漏任何事,用上你的开场白、故事、视听材料,等等。你仍然可以使用你的笔记,要知道,你每排练一次都在记住更多内容。观察自己在镜子中的表情、站姿、动态。想象你的观众按预料的样子就座并练习同他们眼神接触。

如果你喜欢自己在镜子前的演出表现,你就准备好开始计划下一次排练了——这一次会有“现场观众”。但是,在进入这个排练阶段之前,你需要为即席完美回答来自观众的提问做准备。

5.3.3　提问时间

问题可以成为你和观众之间一个强有力的纽带。如果他们起身提问时你进行回答,你就会抓住观众的注意力并建立起一种有价值的密切联系。不过,如果你对让问题打断你的演出感到不舒服,你也可以让他们等到最后提问,这样仍会显得很专业。

无论何时你接受提问,都是在为你提供一个机会来继续营建设计好的演讲。如果你专注于问题和回答,不让提问者转移话题,你就能温和而坚定地引导观众处在所期望的方向上,并在这一过程中赢得他们的尊重。记住,一定是你使这场演出运转起来。

正如答问有助于你和听众之间建立起一种无价的密切联系,其也有可能产生相反的效果。新民主党前国家秘书和加拿大广播政策联邦特别小组的联合主席吉拉尔德·卡普兰(Gerald Caplan)根据当时的一项调查写道,54%的加拿大人认为联邦和各省的政客谈不上诚实。“在回应[调查问卷]①的人中十分显著地有三分之一表示,他们对政治家的尊重降低,是在电视上观看下议院答问时段表现的结果。”②

确保你的答问时段不会出现相似的结果。

(1)通过鼓励观众提问展开提问环节

为了与观众建立起最佳的关系,不要在你和观众之间设置障碍。距离是一种阻碍,站台、讲台以及落地式话筒都是阻碍,把人们隔开的同时也会令人生畏。如有可能,可以走到观众中间去。站在讲台后面讲了一段时间之后可以离开讲台一会儿,这时尽管你还是站在台上,但观众至少能看到你的全身了。在使用了一段时间的视听材料之后可以把所有的器材都关上。在开始演讲之前,提示人们如果有谁要提前离开就请自便,观众会很欣赏这一点的。

展开讨论的方式有很多种。你可以提到你在其他场演讲中观众提到的问题,问问现场观众是否也有同样的困惑,或者问问观众有没有和演讲主题、观点和建议相关的经历。但是不要以这样的方式开始提问环节,如果你问大家“你们有问题吗?”这样听起来让人觉得你并不希望有人提问似的。即使没有一个人提问也要保持幽默感(“是

---

① 英文中中括号里的内容通常为引用者(此处即本书作者)对引文所作的补充。——译注

② Gerald Caplan,“Question Period a phony war waged for the media”,*Toronto Globe and Mail*,19 Jan. 1987.

不是我总结得太到位了,所以大家都没有问题了啊?")。

(2)做好万全准备

提问环节一般会出现两类问题:一类希望能寻求答案,一类是想给你——演讲者,下套。

第一种问题,即探索信息的问题,主要分四类:阐释类、技术类、提问过早类、"牛头不对马嘴"类。而下套问题分五类:暗藏玄机类、越俎代庖类、为全局负责类、购物清单类、圈套类。要想回答好这些问题,你需要拥有外交官的策略和已逝的加里·格兰特(译者注:美国电影演员)般的魅力。

①阐释类

这类问题最好回答。可以简单举出演讲中的某个例子,但是需要换一种方式解释它——也就是要运用到前文里我们讨论过的创意式重复。观察提问者的面部表情和肢体语言,判断他(她)对你的回答是否满意。如果看上去还是很困惑,可以换一种方式解释,如使用叙述或者从不同的角度阐释。

②技术类

这一类问题的提问者有时是为了炫耀自己知识的渊博。一方面,如果提问者非常啰唆或很明显就是想炫耀自己的知识比你还丰富的话,那么可以用礼貌但坚定的语气告诉他(她)你时间有限,等稍后有多余时间再做讨论。另一方面,提问者也有可能确定对技术类问题感兴趣。这种情况下,用观众能够理解的方式解释一遍问题,然后再做回答。

技术类问题的解释不但枯燥而且耗时。回答这类问题时很有可能因为跑题而忽略了真正需要解决的重要问题,这取决于观众的特点以及演讲的主题。你需要视情况而定:是在提问环节回答这些问题还是等演讲结束了再回答。

③提问过早类

如果有的问题是你稍后会讲到的,那么告诉观众一会儿会进行详细讲解,并感谢观众的提问。无论如何都不要表现出生气或鄙夷的态度来,也不要仓促敷衍。

④"牛头不对马嘴"类

这种类型的问题会转移观众对于主题的注意力,浪费宝贵时间。处理这种问题时要有策略。有礼貌地把问题拉回到正在讨论的问题来,同样地,告诉提问者稍后有时间再讨论这个问题。

⑤暗藏玄机类

这类问题表面上看起来好像只是想简单地获取信息,但其真正目的却是驳倒你。提问者可能这么说:"鉴于……这个事实",如果你知道给出这个事实并不可靠,那么拒绝接受它。你可以说:"你的观点还是合理的,不过你是否知道……"然后把提问者话中的漏洞指出来。

⑥越俎代庖类

这一类问题的提问者想越俎代庖替你把话说了,他们会说"你是认为……吗?"。你可以礼貌地回应:"不,事实上,我认为……"然后,提供一些事例支持观点,借机将提问者的错误理解纠正过来。

⑦为全局负责类

提问环节中这类类型的提问者会让你对整个行业的发展或整体趋势的走向负责。所以,你要解释清楚你并不对"全局"负责。比如,提问者的叔叔的共同基金在20世纪60年代蒙受了损失,但这并不是你所代表的共同基金的错。

⑧购物清单类

这种类型表现为将如同一连串机关枪子弹般的问题射向你。你可以有礼貌地打断提问者,然后对一个一个的问题给予慢慢回答,从最重要的问题开始,同时为提问者和观众复述一下问题。

⑨圈套类

要提防这一类问题。这种类型的问题往往深藏不露,提问者可能会说:“你对……满意吗?”告诉提问者你的真实想法,不要表现得过度乐观。如果你不满意你公司在某一方面的表现,不妨直说。如果公司确有不足,可以解释一下是由什么原因导致的,公司计划如何处理这些问题。大方承认公司正在努力修补的弱项。这样做只会对你有益无害。

⑩尾声

提问环节结束之后,便可做最后的总结了。结尾部分要做得简洁明了且态度积极。如果通过提问环节的观察,你认为观众已经对演讲内容了解清楚了,那么就没有必要对要点再一一赘述了,不过,不要以提问环节作为演讲的尾声。提问结束后再最后做一次总结陈词,献上完美的谢幕。

5.3.4 第三次彩排:邀请观众

现在的你应该对自己充满了信心。你能自信地面对观众,还能机敏地回答他们的问题,并且让他们对你的专业素养心服口服了。接下来一次的彩排,邀请你的家人和几个朋友一起参与(别忘了,朋友的意义是什么?)。最好是一群对你演讲内容并不熟悉的观众。

你要告诉他们叫他们来干什么,目的何在。按照“演讲当天”所安排的演讲厅的座位布置引他们入座。彩排开始前不要送上饮料或茶点,他们“表现好”再“奖”给他们。为观众准备好有效的意见反馈准则。如果可以分配好需要每个人专门负责的项目,如声音、语言、视觉素材的运用、站姿、与观众的交流等,这样会有更好的效果,同时鼓励大家做好笔记。

接下来,检查观众是否有足够的背景知识能够提出高质量的问题来。分析一下观众的特点和演讲的目的。即使他们对你的领域一无所知,也要保证演讲内容足够清楚明了,让观众能够提出有水平的问题来。有可能你还会需要准备一些问题让他们提,以带动大家踊跃地提问。要选择最有可能在正式演讲的提问环节中碰到的棘手问题。

一旦开始演讲就要认真对待,把彩排当成实战。不要有所遗漏:开场白、幽默故事、新掌握的阅读技巧(在阅读备用材料中的名言警句时要用到),以及你的视听素材。鼓励大家在演讲的过程中或者演讲结束以后进行提问,不要忘记最后还有一个很重要的收尾。这场彩排可能比你在客户或同事面前演讲的难度要大得多。因为对于这群观众来说,你是个老朋友或是一位家人,他们能够肆意向你提问,还会直率地批评你。幸运的是,在你进行正式的商业演讲时在场的观众是不会如此放得开的。有效反馈指导准则见表 5-1。

表 5-1　有效反馈指导准则

项目	是	否	意见
开场:演讲者			
能否吸引到观众的注意力?			
是否将开场和观众的兴趣结合起来?			
是否陈述了自身资历?			
是否对各要点进行了清楚、简洁的概述?			
是否呼吁了观众采取行动?			

续表

正文:演讲者 是否优先讨论最重要的问题? 是否给出问题的解决方案? 是否用到了足够多的论据? 是否给出了多种类型的论据? 是否进行了创意式重复? 是否注意了观点之间的过渡? 是否总结了各个观点?
结尾:演讲者 是否复述了一开始提到的问题? 是否复述了解决方案? 是否再次呼吁观众采取行动?
提问环节:演讲者 是否用心倾听了观众的提问? 是否能够有技巧性地处理观众的问题? 是否圆满解决了提问者的问题?
表达技巧
1. 肢体、手势、姿势的运用: 是否得体? 是否有效? 是否有说服力?
2. 声音: 是否听得清楚? 是否悦耳? 是否坦率真诚? 是否充满活力和自信?
3. 语言的发音: 是否能听懂? 是否有误读?
4. 语言: 是否术语连篇? 是否到处是陈词滥调? 是否生动?

续表

5. 视听材料的运用： 是否合理？ 是否有效？
演讲的总体效果
意思表达是否清晰？ 演讲是否具有吸引力？ 统计和非统计数据是否很好地支撑了 主要观点？
改进建议
态度
演讲内容的组织
辅助材料
表达技巧
视觉材料
提问环节

在演讲和提问环节过后，先主动做个自我批评，这样做能体现你愿意接受来自观众的严格“批评”的诚意。他们能理解演讲的全部内容吗？如果不能，要确定那不是因为你解释得不够全面造成的。他们对演讲感兴趣吗？你的声音给他们什么样的感觉？热情洋溢？值得信赖？还是令人心悦诚服？让观众检查他们自己做的笔记。他们对于你所表现出的眼神交流、肢体动作、手势、站姿、声音，以及演讲的节奏、重点、停顿、声调变化和视听素材给出了怎样的分数？他们的每一点意见，包括你不赞同的，全部都要记下来。然后，对演讲做出必要调整，至于你不认同的批评，可以留在正式预演之后与同事进一步讨论。

5.3.5 第四次彩排:正式预演

选择几个你比较敬重的同事,或者在准备演讲过程中给予你大力帮助的人——你同一部门的同事、视听素材设计师等。这一次的彩排是总排练,要穿上正式"演出"时的"剧服"。衣服既要得体又要体现你个人的风格,不要穿一些奇装异服或者让你感觉不自在的衣服。女士们尽量不要佩戴较沉的首饰,避免首饰碰到桌子或话筒发出响声,也不要佩戴过于贵重的珠宝(如果你有幸拥有它们的话);化上淡妆即可,如果你要涂指甲油,尽量选择颜色淡雅的;头发造型也不要太夸张。

不要让任何细节破坏到演讲效果,将衣服熨平、鞋子擦亮、头发梳齐,让指甲和牙齿光亮干净。女士尽量不要穿很高的高跟鞋,因为高跟不仅会在你紧张时分散注意力,从而影响到你动作的平衡和语言的表达,也会让你走路略显笨拙。时髦合脚的中跟、轻软款式的舞鞋配上合身的衣服不但漂亮,而且能让你行动更加自如。

此时的你应该对演讲内容滚瓜烂熟了。你满满的自信心激发着各种灵感,以便于让你自然地发挥于演讲当中。

按照正式演讲现场的座位设计安排同事入座,然后进行演讲、展开提问环节等。鼓励他们像邻居和朋友一样给予反馈;如果对于第三次彩排中大家给出的批评还想再参考一下别人的意见,此时可以问问这些同事们。因为这是最后一次掐着时间演习的机会,你也必须在演讲的时长上做出最后调整。

活动

为某场真实或虚构的演讲安排四次彩排,并对每一次的彩排都做出评价。你满意吗?为什么满意?为什么不满意?把各种问题记录下来,再回顾一遍本书里与这些问题相关的部分。

5.4 化紧张为优势

你或许会觉得难以置信,但其实,连凯瑟琳·赫本(Katharine Hepburn)这样的演员在演出之前都会有紧张感。在纽约美琪大戏院(the Majestic Theater)举办的一次纪念已逝演员斯宾塞·屈塞(Spencer Trary)(1900—1967)的活动上,当节目制作人伊内兹·温斯坦(Inez Weinstein)问凯瑟琳·赫本(Katharine Hepburn)女士需要为她准备些什么的时候,这位演员临上台前回答说:"我需要一条通往印度的通道!"

在下列各种紧张的表现中你都有哪些?

- 紧张性胃痉挛;
- 口干舌燥;
- 喉咙发痒、干咳;
- 声音变尖,甚至嘶哑;
- 不停地说"呃、呃";
- 松开并不是系得很紧的领带;
- 说话时身体前后晃动;
- 不敢直视观众的眼睛;
- 语音单调,如机器人般毫无生气;

- 玩弄扣子、首饰、耳环、头发、婚戒;
- 手反复插进口袋里又取出来;
- 弯腰弓背,恨不得把自己缩小或隐身起来,不让观众看到自己;
- 玩弄台上或桌上的东西,甚至还会玩口袋里的东西。

之前的练习将帮助你克服紧张感。如果你勤奋练习,演讲准备充分且到位,再加上排练也很成功,那么,就没必要担心到时会怯场。演员们都知道,那种紧张感能够刺激你的肾上腺素,丰富你的表现力,并能让你的演讲更胜一筹。

5.4.1 演讲之前

你需要早一点到现场。事先检查演讲厅,以及视听设备和灯光设备的状态。你是否给高射投影仪或幻灯机准备了多余的备用灯泡?是否配备了长度足够的延长绳?而且一定要记得对电源插座进行检查。座位的安排合理吗?室内的温度舒适吗?便笺纸、铅笔等都发放到观众席上了吗?演讲的材料按顺序排好了吗?这些是否一切准备就绪?

去洗手间做做声音练习和肢体热身运动。大大地打个哈欠,放松喉部。这些练习能够帮助你克服怯场,为你带来正能量。给自己的仪容做最后的把关:领带戴正了吗?口红涂好了吗?头发整理好了吗?

5.4.2 演讲进行时

做完热身之后回到演讲厅。记住,不管你是坐在桌子旁,还是在台上或台下,从观众看到你的那一刻开始,你便处于“上场”模式了。

这时候已经没时间用眼神和朋友打招呼或者跟他们开玩笑了。

如果你是唯一一位演讲者,而且你还认识座位席上的某些观众,可以和他们打个招呼,握握手并聊一会儿。在此期间你可以仔细观察到场的观众。看看这群人是你所预期的群体吗?你需不需要再针对到场了的观众特点对讲稿稍做调整?待大家都入席坐定之后,做个自我介绍。如果有专人介绍你,你要对介绍人员表示感谢;从座位上站起来,迈着坚定有力的步伐走到讲台前。稍做停顿,直到现场安静下来之后再开始讲话。同时,要和观众进行眼神交流,然后开始演讲。

演讲时要表现得自信而自然。记住,非语言交流非常重要。你要跟每一位观众都进行交流,并试着通过其肢体语言来解读他们的反应。如果他们看上去相当赞同你的某个观点,那么你就可以适当删减冗余论据。如果有观众对某个图表提出了比你预期还要多的问题,你最好针对这个图表做进一步解释。总之,要灵活处理,但不要偏离核心讨论。记住,这是你自己掌控的一场表演。

5.4.3 演讲之后

提问环节结束之后,大家会和你分享他们的看法,并提出问题,或者继续跟你进行探讨,所以不要急着收拾东西,先认真地跟他们交流。他们应当得到这份尊重,而且这段交流沟通的时间对你也是有益的。

此时,你要好好享受观众对你演讲所反馈的热情和浓厚的兴趣,并抓住这个机会,再次说服对演讲内容仍持异议的人,并启发仍存困惑的观众。当所有都结束之后,会有足够的时间让你收拾设备,反思自己的魅力演讲成功与否。

5.5 小结

①通过观察和练习，你能够培养自己讲故事的技巧，让演讲引人入胜。

②彩排对于一场精彩的表演来说至关重要。它不仅能够让你熟悉演出内容，而且还是一次锻炼自己的大好机会，让你练习面对观众演讲、回答问题，并得到演讲反馈。彩排最大的好处在于让你在真正的“舞台”上表现得信心十足。

③预测观众可能问到的问题，并准备好有说服力的答案。

④化紧张为优势。了解紧张、期待紧张，并欣然接受紧张的存在，把它当成优秀演讲的必备元素。在做好演讲准备、完成彩排，并且通过第二部分的练习提升了自信的情况下，紧张只会刺激分泌有利于你演讲的肾上腺素，为你的表演加油助威。

⑤正式演讲时，要做好准备以应对来自观众的各种反应，并做灵活处理。

第二部分

为演讲增添吸引力

第6章　富于表达的肢体语言

热身放松练习

昂首挺立

培养中立位的走路方式

富于表达的步姿

演讲者站姿

端坐自如

通过手势进行表达

融入韵律节奏

你身体的表达习惯、体态、手势以及表情绝非偶然的产物，它们都能体现你的个性特征。在你与别人交流的过程中，你身体的每一个部分都参与了表达。如果你的肢体语言与你所说的话大相径庭，那么无论你说的是什么，都难以让人信服，这也就一定程度上解释了为什么同样一篇优秀的演讲稿，有些人就能淋漓尽致地诠释它，而有些人却只能对其进行平平的演绎。你的声音、演讲内容、面部表情、站姿、体态、步姿，以及头部、胳膊和手的摆放——所有这些都是决定你演讲成功与否的因素（见图6-1）。本章主要帮助你培养良好的体态、步姿、手势以及流畅的动作，并达到自我预期的最佳演讲效果。

图6-1　注意不要摆出如图这样咄咄逼人或者分散观众注意力的站姿

6.1　规律运动的重要性

体育锻炼是有益于身心健康的最佳选择，它既让人放松也使人兴奋，这两者相辅相成，能给人带来幸福健康的感觉。如果你还没有开始进行锻炼，那么，找一项你热爱的运动，并进行有规律的练习。无论是跑步、自行车运动，还是舞蹈、举重训练，或是有氧运动如游泳、网球，只要是你发自内心热爱的运动即可，因为如果你不喜欢你所选择的运动项目，你一定能找到上百种不去坚持它的理由。有规律的运动，加上本章所述的练习，一定会给你带来意想不到的提升，让你无论做什么都充满了自信。

6.2 常用热身和放松练习

下面介绍的前四种练习能有效帮助你在演讲之前进行放松。在没有其他房间可利用的情况下,站姿练习可以在卫生间内完成。哪怕你正坐在桌旁等待别人介绍你,你也可以在桌底做手和脚的收紧放松运动,以祛除冰凉、湿冷的感觉。

其他练习则可作为日常规律运动的一部分,用来维持健康、完美的体态。这些练习都可以成为很好的晨起热身或者傍晚放松的运动。当然,你也可以做你喜欢的其他运动,但是不管是什么运动,切记是腹肌(并非下腰肌肉)在用功。做背部的地板练习时,背部下半部要贴住地面。每次运动完之后都要记得用抖动的动作来放松身体紧绷的部位。如果你感觉你的身体有可能会因为这些练习而产生不适,请先去医院咨询医生。

6.2.1 收紧与放松

① 呈站姿,逐一收紧足尖、足弓、足跟、双脚(同时收紧)、踝关节、小腿、膝关节、大腿、臀部、骨盆、腹部、胸腔、手指、腕关节、前臂、手肘、上臂、胸部、背部、颈部、下巴、脸部、前额、头部。当你身体各部位得以足够收紧的时候,你会感到异常愤怒。你的身体开始抖动,连你自己都不知道是怎么回事。其实究其原因,就是身体的紧绷造成的。

当全身收紧时,腰部以上慢慢向前倾,头部缓缓落至膝盖处,膝部保持放松状态,像布娃娃的姿势一样,全身放松。

② 挺直身子,然后重新回到布娃娃的姿势。彻底放松全身,再

试着变得愤怒和紧张，你会发现你没法做到，因为当身体处于完全放松的状态时你是无法愤怒的。我曾建议我研究班的学员们在即将和另一半或者室友大肆争吵时，只需让自己上身垂落，做出布娃娃的姿势，便可逗得对方一笑，争吵也会因此而避免。

6.2.2 头部和颈部

① 双脚分开站立，间距以舒适为宜。头稍前倾，下巴微收。轻轻晃动头部，做圆周运动，下巴随之上抬、收起。保持动作流畅，练习若干次（见图6-2）。

② 头部缓缓转向右侧，下巴指向右肩，然后再缓缓地转向左侧，下巴指向左肩。保持这组练习，头部由一侧肩部扭向另一侧肩部，如此反复数次（见图6-3）。

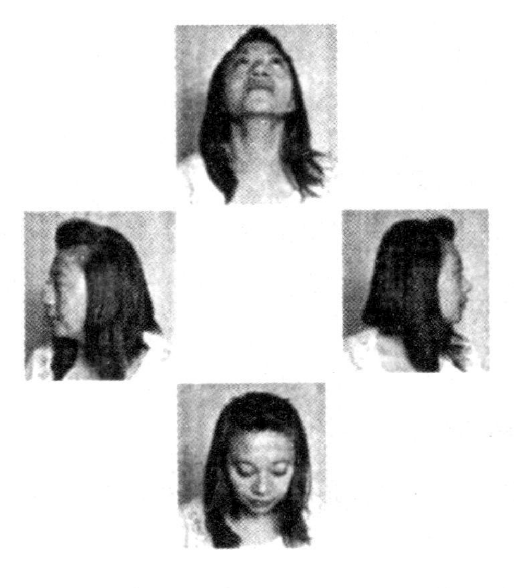

图6-2 头部圆周运动

图 6-3 下巴俯向肩部运动

6.2.3 耸肩

肩部往前、往后各耸八次。

6.2.4 摆臂

首先,两臂松弛地垂放在身体两侧,然后如钟摆般前后摆动,逐渐加大摆动幅度,直到两臂摆至头顶之上。接下来,在胸前和背后分别摆臂,前后各八次。

6.2.5 摆腿

身体挺直站立,脚尖朝前。手扶栏杆、椅背或墙壁以保持身体平衡。将身体重心集中于一只脚上,另一只脚似钟摆般来回摆动。保持腿脚放松、摆动流畅,然后换到另一侧腿摆动。每一侧腿各摆八次。

6.2.6 躯体摆动

站直,双臂伸直举过头顶,双手大拇指相扣,两脚分开。身体由一侧转向另一侧,左右两侧一共做四组。接着双臂分开,彼此平行且手掌相对。身体再次做侧向运动,共四次。然后做若干次圆周摆动,摆动过程中指尖要触到地面。

6.2.7 小腿拉伸运动

双手撑墙,头顶朝墙,躯干与地面尽量平行。一脚在前,一脚在后,前腿弯曲,后腿绷直,双脚脚跟着地。身体倚向前腿,后腿绷直拉伸,保持此姿势,默数十秒。不要弹跳。交换两腿位置,重复该练习。

6.2.8 弓步压腿

呈站姿,一只脚向前迈出弓步,脚跟着地,保持此姿势,默数五秒。恢复站姿。然后换另一只脚迈向前,重复上述动作。两腿交替做该练习各四次。

6.2.9 足部和踝关节运动

① 双脚并拢站立,右脚脚跟离地,身体重量集中于脚部趾球。右脚脚跟缓缓着地,同时左脚脚跟离地。保持动作流畅。做该练习八次。

② 重复上述动作。这一次,抬高右脚脚跟,只剩脚尖贴地,然后脚跟落地。同时,慢慢抬起左脚脚跟,也到只有脚尖贴地的位置。

6.3 昂首挺立

好的体态能淋漓尽致地呈现出良好的身体状态,而且对展现你的外貌、步态和正确的呼吸(下一章里会讲到)都起着至关重要的作用。当你读到“好的体态”这几个字的时候,你是不是立刻挺直了身板,打开了肩膀?如果你不是坐着而是正站着的话,那么你或许正像站军姿一样,使劲挺着胸脯、肩膀向后张、脖子往后仰、挤出双下巴、脊柱呈拱——这些是几乎所有你能做的最不恰当的演讲姿势。

挺直的站立,并非是直得跟你吞进了一把扫帚似的。要做到好的体态,可以想象你的身体正由一根系在头顶的细绳往天花板的方向拉,臀部微收以防背部凹陷,肩部放松稍往前倾,腹部收紧,腰部以上的身躯挺直。这一系列姿势看上去是不是太复杂了?其实不然。试着做做下面的练习。

身体姿势矫正训练如下所述。

靠墙站立,脚后跟离墙约几英寸(1 英寸 =2.54 厘米)的距离,两脚略为分开。按照下列要点检查身体姿势是否正确:

①昂首,头部勿触碰到墙。

②头部摆放舒适,可往不同方向自如转动。

③下巴平行于地面,既不要往里收,也不要向外突。

④颈背稍稍舒展,不要用力拉伸。

⑤颈部正面保持放松,不要用力拉伸。

⑥肩膀微垂,不要碰到墙壁。

⑦肩胛骨打开,背部中段靠墙。

⑧从骨盆至背上部的脊椎与墙自然接触。

⑨骨盆往前微倾。腰部以下和后背部分靠墙,用手检查该部分和墙壁之间,确保无空隙。

⑩双手落于大腿上。肘部不要向后弯曲,因为这样不仅会让身体僵直,而且会使背部下半部分产生不必要的弧度。

⑪大腿前倾,保持放松。

⑫双脚略为分开。

⑬脚跟离墙几英寸的距离。

离开墙面,保持这个姿势。刚开始你可能感觉自己如僵尸一般不自然，不必担心，过一会儿你便会适应了，而且这种体态很好看。

如果你不能顺利完成上述所建议的动作，请躺在地上再过一遍所有的要点（为求做到上述某些要求，你的膝盖需稍有弯曲）。做完之后，再重新站起来。

对着镜子侧身而站，看看自己是否身子塌陷。胸部略往里收，还是看起来像一个胸肌发达的举重运动员，正要直挺挺地摇摆着身子准备走动？如果是的话，重新走到墙那儿，再按要点做一遍。直到每一点都做到位了再离开墙壁，保持矫正后的身姿，然后四处走动一下，直到你感觉矫正后的新姿态变得舒适自然为止（见图6-4）。

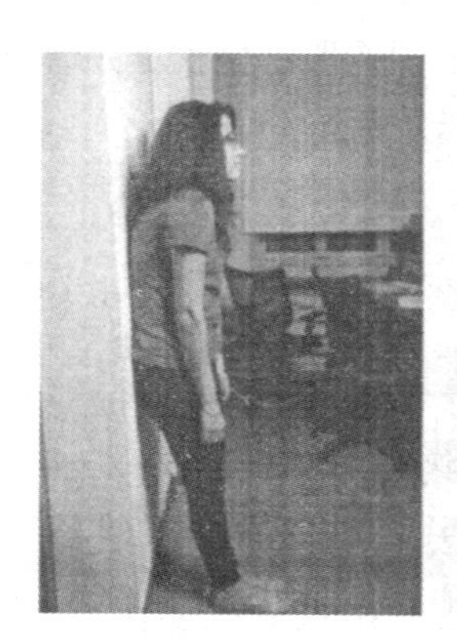

图6-4 练习正确的姿势

切勿没精打采。靠在墙上，将身体调整到舒适状态，保持身子直立。

6.4 走路的姿势

人们走路的姿势会因他们的穿着和所处情境的变化而有所不同。几年前，当厚底高跟鞋流行时，女人们步态臃肿，这是为了防止走路摔倒。因为这种鞋子不能让脚部弯曲,并不适合行走,穿着这种鞋子的人便以跺脚的方式走路,脚步沉重,如小说中所描述的怪人弗兰肯斯坦一般。与此不同的是,在路易十四王朝时期,贵族男人们脖子上系着蕾丝花边领饰,穿着高跟鞋和长筒丝袜,于是他们所呈现的走路姿态在现代人看来便有些女性化了。

20 世纪 70 年代的女人和 17 世纪的男人所采用的走路方式无一不是为了适应衣着的风格。事实上,我们所有人走起路来都不一样,这取决于我们是穿着高跟鞋还是低跟鞋,是短裤还是长裤,是紧身衣还是宽松的衣服,是三件套西装还是正式的晚装。观察一下你所熟识的人,看看他们在不同的情境、不同的服饰情况下的步态。

6.4.1 中立位步态

个人形象中必不可少的部分是一种被称为“中立位”的步姿,它不以人的年龄、精神状态或者心理状况的特质为转移。中立位步态使人身姿挺拔但不僵硬。双腿自髋关节处自由摆动,膝盖和踝关节自如弯曲。先迈出的脚的脚跟比另一只脚的脚跟稍早一点着地,然后整只脚平稳落地,然后,另一只脚开始重复此动作。当一只脚往前迈的时候,另一侧的手臂向前摆,身体不要弹跳,尽量不要有任何起伏。这种中立位的步姿让人平稳放松,有着规律的节奏感。我们大多数人的走路风格都与中立位步姿有所不同。看看你走路时的步姿是否有下列特点:

①你的身体是否往后仰,像是在下坡?

②你的身体是否往前倾,像是在步履艰难地爬坡?

③你是否大摇大摆,充满了男子气概?

④你是否借助膝盖的力量往前蹬,正如穿着极高的高跟鞋的女

人走路一样?

⑤你的步子是否过大或者过小?

⑥你是一只脚一下全踩在地上,还是脚掌先着地,或是脚跟着地颠簸着走?

⑦你是否膝盖微曲,像旧式的格鲁乔·马克思的风格似的?

⑧你是否会内八字或者外八字?

⑨你是整个胳膊保持僵硬还是会挥动前臂?

⑩你是否一蹦一跳的?

⑪你是否伸着下巴,肩膀向前塌?

⑫你是上身僵硬还是挺胸阔肩?

⑬你是否挺着肚子?

如果你的步态存在以上任何一点,那就不能称之为中立位步态了。如果想练成好看的步态,或者仅仅是想让自己拥有更为放松的步姿,请做下列练习:

①右手扶在椅背或栏杆上,以保持身体平衡。两脚平行,分开几英寸。从髋关节处开始轻轻前后摆动左腿,膝盖和脚放松,摆动时脚略微擦到地面。保持上身不动,然后左手扶住支撑物,前后摆动右腿。

②按照良好的体态要求走路,脚跟自然着地,然后整只脚平稳落地。勤加练习,直到你的步态自如、顺畅并且有节奏感。

③注意胳膊的姿势。走路时手臂正常摆动,不要太夸张,也不要让上臂紧贴身体两侧。

④检查步子的长度。如果步子过小,那么走起来就是小碎步;如果过大,那么别人会以为有人正在追赶你。

6.4.2 情绪百般的步态

我们都知道，不同的情感状态会影响到我们走路和说话的方式（见图6-5）。试着想想某次引起你强烈情感刺激的经历，然后带着那种情绪走路。尝试用下面描述的不同步态行走，你会看到你的身体是如何表达情绪的。

图6-5 带着不同的情绪走路，你便能体会到身体是如何表达不同的情绪状态的

（1）骄傲

骄傲地行走。你的身姿是优美的，你迈着轻快、优雅的步伐，全身洋溢着自信和洒脱。

（2）愤怒

愤怒地行走。如果你正努力控制自己的愤怒，那么你的身体会处于紧张的状态。你也许会头部稍稍前倾，双臂僵硬，两手握拳。如果你怒不可遏，那么你也许会走路颠簸粗暴，拳头紧攥并咬紧牙关。

(3)喜悦

欢天喜地地行走。注意自己的身体是怎样向上拉伸、步子更为自如轻快的。关节的活动更加轻松,步伐洒脱。

(4)忧郁

极度抑郁地行走。你会发现自己的肩膀会向前倾,步子会变小,头和身躯都会向前倾。

(5)恐惧

恐惧地行走。你会表现得畏缩不前,恨不得爬着走,让自己越渺小越好。你的动作幅度极小。为了躲闪所惧之物,你的身体可能前倾后仰或往两侧探。你也有可能抬起手臂,转身避开可能的攻击。

6.5 演讲者站姿

演讲时,最好的站姿是两脚分开,间距以舒适为宜,一脚稍前,一脚稍后,身体重心均匀分布。这种站姿可以让身体自如地靠近黑板、高射投影机、活动挂图,也便于来回走动和与观众交流。以脚掌为支点,就能很方便地走动。这种站姿看上去优雅从容。如果你两脚脚板都完全着地,就像长在地上似的,那么你只能原地不动了。

女人喜欢将身体重心在两侧髋关节处来回移动。一侧摆得不舒服的时候,她们就将重心换到另一侧。在演讲的过程中,如果这种换动太频繁,听众就会开始注意身体移动的频率而非演讲的内容了(见图6-6)。

图 6-6　注意不要摆出盛气凌人或者分散观众注意力的站姿

6.6　端坐自如

准备上台演讲之前，你坐着时的表现会在一定程度上影响你形象的好坏，尤其是坐在讲台旁边的时候。

坐着时腰下的后部靠着椅背，抬头挺胸，但是不要表现得过于僵硬。两手放松，以交叉状态叠放在一起，或者两只手放在椅子的扶手上。就像站姿一样，一只脚稍微放在另一只脚的前面一点。男士可以将双腿交叉于膝部，不要让两腿分开。女士可以在踝关节处交叉双腿。不要像是坐在一把毛绒安乐椅上似的把全身的重量都集中在尾骨上，两腿不要岔开。

起身的时候，身子不要前倾，也不要扶着椅子把手把自己撑起来。你只要将一只脚放在椅子中心的位置，另一只脚稍微向前，然后利用大腿肌肉的力量站起来。整套向前起身的动作一气呵成，不要弯腰或者出现一系列不连贯的动作。起身动作应当不显唐突,换句话说,就是“中立位”,正如步姿一般。

演讲完毕,运用就座的舞台技巧回到讲台旁的座位上。不要通过向后看来确定椅子所在的位置,而应该走到椅子侧面,利用余光判断出椅子的位置,一只脚靠在椅子中线以确定它的位置,另一只脚稍微靠前,正如起立时做的那样,放低身子坐到椅子上。不要弯腰,也不要像刚刚跑完长跑似的疲劳地瘫坐在座位上。

多次练习站姿和坐姿,直到你动作自如,能轻松、淡定地坐、立,而且能从容起身并回到座位上。

6.7 通过手势进行表达

手势能增强演讲效果。仅凭说话来传达所有的信息远没有结合肢体语言时的演讲有意思。欧洲人的手势动作就比较自然,而同样是说英语的北美国家的人们在沟通时就极不擅长运用手、胳膊和身体来进行表达。

有效的手势必须是自然且可信的。其他元素非但不会锦上添花,而且还可能成为累赘。而且,过于频繁地使用同一种手势只会产生反作用,因为观众会更多地注意到手势的重复,而无法专心地听演讲的内容了。

你是否能意识到你所做的手势以及它们产生的影响?如果你能意识到你不断习惯性地重复一个手势,那么在演讲排练时要刻意控制它。如果你是一个沉默寡言的人,不善于运用手、胳膊、肩膀及身体的其他部分表达自己的感情,那么下列练习会对你有所帮助。图6-7描绘了一些可供练习的手势。

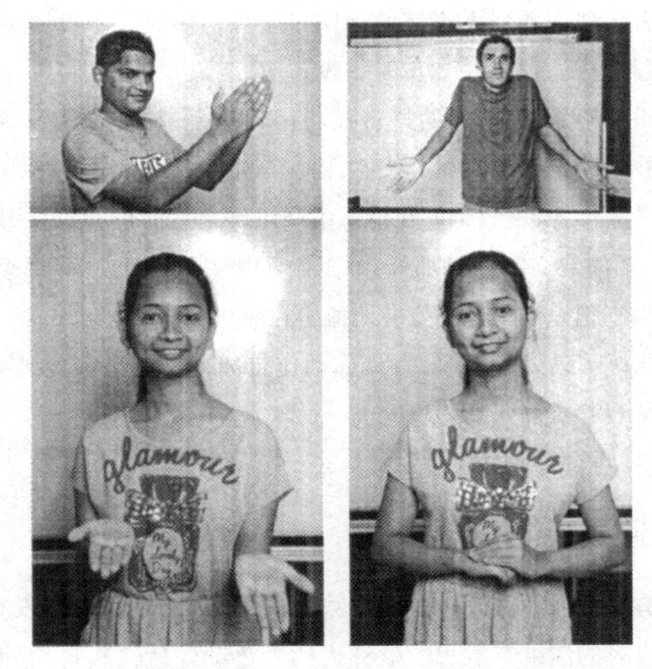

图 6-7 练习使用手势对演讲内容进行强调，并增强其可信度

双臂自然垂于体侧，两手放松，练习下列姿势和动作。

①张开手臂至身体两侧齐肩处。手臂在肩窝处翻转，使手掌朝前、朝后，再朝下、朝上。

②保持胳膊与肩齐平的姿势，让肘部弯曲。活动手腕，使手向前、向后翻动。

③做出拿手臂阻拦别人的姿势。

④做出用手臂将别人唤到你跟前的姿势。

⑤双手放在胸前，手掌朝上，像捧着平安祭或者珍贵之物一般。

⑥胳膊垂于胸前，双手交叉，掌心向下，好像在拒绝什么。

⑦用一只手表示质疑。

⑧伸着一只胳膊,像击剑一样往前插。另一个胳膊往前伸再往回缩,好像在说:“你和我。”然后把这只胳膊完全打开,像是在问:“为何不试试呢?”接下来,试着两只手同时完全打开。

⑨探索一些常见的手势:把手放在臀部或者膝上;拽袖子;用力摩擦双手;轻轻摩擦双手;指着某人;张开胳膊,指着黑板上的某个图画;把双手放在脖子后面,保持颈部肌肉放松;伸缩手指;指着某物;双手手掌合十,手指张开;两只手依次握拳,然后再同时握拳;礼貌而平静地鼓掌,然后热情洋溢地鼓掌;捻手指;手指敲打桌子;手指敲打膝部。

在镜子前面做这些手势,看看它们会有什么效果。要记住,所有的手势都必须是实实在在的,也就是说,它们必须是内心真实的表现,不能是浮于表面或者矫揉造作之态。当你试过上述所有动作之后,重复每一个手势,给自己一个使用它的理由,就当是做自我发现的练习。如果你在做对人晃食指的手势,可以想象自己处在使用该手势的真实情境中,例如,警告一个两岁的小孩不要摸滚烫的炉子。通过练习你能让自己的动作更加自如,真实的情境感会让你的手势尤为可信。

6.8 加入韵律和节奏

培养韵律感对于说话、走路和做手势都很重要。它能给你带来一种节奏感,让你干任何事情时都更加自信和有感染力。从你所拥有的唱片中挑出 12 张韵律不一的唱片。第一天跟着一种韵律做所有动作的练习,第二天换另一种韵律。看看随着韵律的不同,你的动作会产生怎样的变化。

6.9 小结

①肢体上的习惯、体态、手势和面部表情都是你个性的一部分，会影响到你沟通的有效性。

②有规律地锻炼对于身心健康来说必不可少，同时也能让你做事更有活力和自信。

③通过练习可以培养完美的体态和中立位的步姿。

④恰当的演讲站姿相比其他站姿不那么容易让人疲劳，而且能够避免因演讲者身体重心的不断转移而分散观众对演讲内容的注意力；同时它还能让你在讲台上沉着自如、充满自信。

⑤优雅地端坐和起身是反映一个人整体形象的重要部分。

⑥手势能让演讲更有趣和更可信，通过练习你能培养并内化许多的手势。

第7章　让呼吸给予声音力量

个性与声音

声音和良好的呼吸

学会呼吸

培养对呼吸的控制

掌握舞台耳语

在一对一的情况下，别人是透过你的眼睛来打量你的性格的。而面对一群人时，人们首先会对你的举止评头论足一番，然后再评价你的声音和措辞。只要你能有意识地去用心练习，这些都能有所提高。但是，要记住你的情感状态也可能影响口头的表达效果。

英国皇家莎士比亚剧团的声音和演讲专家希瑟里·贝利在她的《声音与演员》（*Voice and the Actor*）一书中提到，有些心理学家认为很多演讲障碍都是由心理原因造成的。演讲者话没说全，可能是由于没有思考成熟，或者急于从一个观点跳到另一观点——说白了，就是对内容没把握。反之，累赘刺耳的辅音和过分强调的语气，即那些“强逼”出来的东西，也许是因为演讲者对自己的个人能力缺乏自信造成的。把元音发得很短说明演讲者并不想表达充沛的情感。另一方面，也可能仅仅是因为他（她）没有体会到元音里的音乐元素，或者并不能区分开长音和短音①。

与心理状态相关的表现多种多样,但最重要的一点就是要努力锤炼充满力量的声音。如果你由于身体疾病或者缺乏自信而使演讲显得软弱无力,那么通过本书的练习你能在很大程度上提高演讲水平。当然,如果还有其他方面的心理障碍,你也需要一并解决。

还记得玛丽莲·梦露吗?她那喘息的说话方式透露着一股纤弱,这就是声音塑造人物个性的鲜明例子。要想在商务舞台上表现出色,你需要有一副独特的嗓子,让它成为你演讲中强有力且极具说服力的工具。

7.1 声音和良好的呼吸

要想练就充满力量的声音,最重要的便是学会呼吸。简而言之,呼吸是声音最原始的动力。气息撞击声带,使之汇于喉腔,并发生振动。振动产生声波,传递到胸腔、咽(喉腔上方的管道)、口腔、鼻腔、面部骨骼、鼻窦以及其他部位。

把你的胸腔想象成一个气球,你吸气的时候,胸腔扩展,气腔扩大,就好像气球在充气一样。呼气的时候,胸腔收缩,就像你给气球放气之后气球瘪了一样。当然,这只是简单的描述,但也能让你有一个大概的了解。要注意让肺部吸入足够多的空气,以提高声音的质量并控制音量和发声,消除紧张感,让声音更加悦耳、音域更为宽广。总而言之,你要养成良好的呼吸习惯。

---

① Cicely Berry, *Voice and the Actor*, London: Harrap, 1973: 76-77.

呼吸不当不仅影响你声音的质量，而且会导致其他方面的若干问题。比如在最近的一次研讨会上，一位年轻的帅小伙在开场白之后马上问了一个问题。他声音薄、音调高、缺少共鸣，频繁的呼吸破坏了他表达的效果。第一天培训结束之后，他便成了班里唯一一个没能掌握呼吸技巧的人，于是我仔细地询问了他原因，他告诉我他在游泳和跑步方面也存在问题。他在给我作解释的时候，我注意到他天生呼吸就很浅——这就是所有问题的根源。

7.2　学会呼吸

铿锵有力的声音来源于良好的呼吸，而良好的呼吸需要有正确的姿势做后盾。亚历山大技术创始人马里亚斯·亚历山大证实了这种联系。亚历山大技术目前在多家享有盛名的表演学校均有教授①。亚历山大曾是一位演员，在声音的表现上屡试屡败，什么办法都不奏效，直到他用三向镜对自己进行了长时间的观察之后，才发现自己的很多习惯导致了肌肉的紧张，呼吸受到压迫，最终引发失音。在做接下来的练习时要时刻记着这一点，注意保持第6章里学过的挺拔的身姿。

以下的练习能让你在扩大肺活量、提高控制呼吸能力的同时切身体会到良好的呼吸状态。如果能每天花几分钟进行这些练习，你一定会有意想不到的收获。你将做到更加放松、获得更多能量，声音也会因而更坚定、更响亮。不久之后，当你表达重要观点时，你再也

---

① Lucile S. Rubin, ed., "*The Alexander Technique as a Basic Approach to Theatre Training*", in *Movement for the Actor*, New York: Drama Book Specialists, 1967: 30.

不会话说到一半就得喘口气，也不会因为气息不足使得话到结尾处就变弱了。

由于我们听到的自己的声音跟别人听到的我们的声音是有区别的，所以通过呼吸练习来训练声音是有道理的，因为这些练习是基于人的身体的感受，而非依赖于听觉。尽管当今著名的声音培训师教学方法各异，但大多数都是按照这个原则来培训的。它强调完整的身体意识，能很好地让学生切身体会到练习的效果。我的技巧，在经过多年的发展之后，已取精华弃糟粕，尤其适用于商务和专业人士，并且效果非常不错。

如果在练习的头几天你还“感受”不到自己的声音，先不要急着放弃，回想一下哪里做得不对。只要坚持做下去，很快你便能体会到前文中所述的自己声音的感觉了。

7.2.1 热身运动

不管是做肢体练习还是做声音练习，都要花几分钟进行热身。

①拉伸身体，呈挺拔站姿。轻轻抖动手掌和手腕，逐渐加大力度。

②肩膀前后耸动，好好放松。

③头部轻轻向两侧摆动（如第6章所述），然后进行圆周运动，让颈部放松，消除紧张感。

④身体放松，上身下垂成布娃娃姿势，膝盖微弯。然后慢慢拉直身体，脊柱也随之渐渐变直，用心感受一种健康的身心状态。

⑤美美地打个哈欠，让自己放松下来，身体向前（不是向后）拉伸。往前拉直手臂，举至齐肩的高度，这将有助于你放松全身。

7.2.2 自然地呼吸

躺到地板上(最好是铺着地毯的地板),让身体处于舒适的状态。检查自己的姿势,身体各部分要保持在一条直线上(如第6章所述),膝盖要放松,腰背部要贴住地面。如果你能将整只手都放进腰背下面,那么就让膝盖微曲离开地面,这样就能避免腰背部出现凹曲部分。然后自由地呼吸并观察呼吸的过程。吸气时,胸腔以下腹部的肌肉会扩展;呼气时,它们就会像之前描述的泄气的气球一般陷下去。观察在你深呼吸的时候胸腔是怎样向上和向两侧扩张的。

①像叹息一样把气体呼出去。如此重复数次。

②呼气时变为发出"M-m-m-m"的声音。

③吸气时感受背部肌肉的扩展。

④体会身体往上下拉伸、往左右扩展的过程。

⑤吸气时默数两下,呼气时默数十下。重复数次。

⑥吸气,数两下;呼气,大声数十下。尝试每天增加呼吸时所数的次数,这样能够增强你的肺活量和对呼吸的控制。

⑦先慢慢滚向身体一侧,然后站起来(否则,你可能会感到轻微头晕)。坐在凳子或椅子上,重复步骤①—⑥。背部保持挺直,头向两侧晃动或耸耸肩,这样能消除身体的紧张和僵硬。在椅子上变换不同的姿势重复这些练习,可以是屈膝或俯身等。

⑧从直立坐姿放松到布娃娃姿势,双手悬荡于脚踝处。吸气、呼气时都用饱满的声音数数:"一——"。这样大声数五下。注意感受脸部和头部产生的共鸣。然后上身慢慢直起,同时继续该练习,再次慢慢俯身成布娃娃姿势。

⑨做上述练习,呼气时发出"AH"(啊)、"AYE"(哎)、"OW"

(嗷)、“OH”(噢)等元音。然后在每一个元音前加上轻声“H”(呵),但是不要发得太重,以免弱化其他元音。

⑩选择任意一项呼吸训练,结合第6章里的练习一起进行。然后,边走边念演讲词,时刻注意你的呼吸,并有意识地控制呼吸,以舒适的状态进行表达。

7.3 呼吸进行时

接下来的两个练习不是为了增强你的肺活量或者控制气息的水平,它们是用来告诉你通过控制呼吸确实能够达到增强呼吸练习效果的目的。

7.3.1 真空室

呼气,把空气全部呼出。用大拇指和食指捏住鼻子,在鼻腔内形成真空状态。然后试图从鼻腔吸入空气,这样更能体会到真空的状态。数五下,然后松开手指。你能感觉到空气迅速涌入,腹腔扩展,你深深地吸入一口气。如此重复数次。

7.3.2 耳语

你有没有想过演员是如何做到在舞台上轻声耳语还能让全场观众都听到的呢?这都是通过运用呼吸来实现的。对于你而言,耳语便是肋间呼吸(运用肋骨)最形象的例子。舞台耳语根本不需要用声音来表达(也就是说,不需要动用声带),仅用呼吸就可以完成。

站在房间的一头,自然呼吸,然后低声耳语,好像你在对着一大群观众说:“找到它了就轻声告诉我。”要表达这种无声的语言,同时又要保证观众能看懂,你几乎在发每一个词之前都要深深吸一大口气,因为每个音节都需要大量的气息。事实上你是这么做的:(呼吸)“找到”(呼吸)“它了”(呼吸)“就”(呼吸)“轻声”(呼吸)“告诉我”。不要让耳语到最后就变弱了。如果你对着镜子练习,你会发现做深呼吸时身体并没有大的起伏。

7.4 小结

①你的声音是给观众留下深刻印象的关键因素。

② 因为对声音进行自我评价是比较困难的,所以通过在练习中亲身体会声音的状态来改善声音是比较合理的做法。

③良好的姿势和松弛的身体对正确的呼吸至关重要,正如正确的呼吸是产生铿锵有力的声音必不可少的元素一般。

④如果你掌握了呼吸训练法并且有规律地进行练习,效果一定会不同凡响。

第8章　专业的演讲声音

共鸣、音色和标准发音

元音

攻克麻烦的辅音

控制并表现声音

专业的演讲声音是洪亮且具有丰富音色的，这样才能表达出不同层面的情感特点。在第7章里我曾讲到，做到这两点，是以自身良好的呼吸及保持正确的姿势为前提的。除此之外，正确地发出元音、辅音以及能够控制、表现好声音也是至关重要的。

以标准发音为基础的练习能消除声音中的紧绷感和鼻音，呈现饱满的声音。此外，如果你常常因为浓重的方言口音而被人误解，那么这些练习也能帮助你矫正口音。“Charm”（魅力）是一个很好的例子，能体现不同地域的不同发音。在美国南部，元音被拖长，发“cha-a-h-m”，而在安大略南部，元音基本被省略，使得这个词听起来像“ch（音被中和）m”。我并不是说你一定要摒弃这些地方特点，或其他让你的演讲与众不同的特点。这些练习的目的是为了增加声音音色的多样性及增强共鸣感；同时，让你做到不管你的祖籍何处，你都能让说英语语言地区的人们听得懂你说的话。

舞蹈演员在上课或者表演之前都会做热身运动；运动员同样

如此，举重运动员在举重之前会做轻微的伸展运动和有氧运动。演讲之前你同样需要做做热身，就像前文里所说的那样，同时声音也要进行热身，比如做前文里的呼吸练习。做完这些热身之后，你便可以开始展开一系列的练习来塑造洪亮的声音、纯净的音色，以及训练良好的声音了。

8.1 元音

声音的形成取决于我们对于嘴巴、舌头、牙齿、嘴唇以及呼吸的运用。为了说明这一点，请在镜子前面做以下练习：嘴唇合拢，牙齿紧合，然后说话。注意观察，这时候气体没有从嘴里呼出来，而是从鼻子里喷出来，产生令人不悦的鼻音。说话时气体必然要从某个部位呼出来，如果把嘴这道自然出口闭上了，那么它肯定只能从鼻子里呼出了。接下来，松开紧合的牙齿，再说话，看看会有什么不同。所有这些都说明了正确的面部姿势对演讲起到了重要作用。

下面的练习能帮你在演讲中增强声音的共鸣并避免鼻音。另外，它还能帮你消除一部分人难以听懂的方言口音。

现在，以舒适的姿势坐于镜子前，做几次头部转圈运动使头颈放松，然后舒舒服服地打个哈欠，向前伸展。

①放松下颚。不要刻意去放松，让下颚自然下垂，然后说“AH”，就像“father”（父亲）里和“qualm”（疑虑）里的“AH”音一样。舌头放松，重复数次。这个声音是所有元音里最需要嘴部大张的一个音。在你练习这个音和接下来的每个音之前，深深地吸一口气，让发音饱

满而清晰。下颚、牙齿和舌头都要保持放松的状态,嘴唇要轻快而灵敏。

②嘴唇缩到最小,发出"OO"的声音,就好像"cool"(凉爽的;冷静的)和"school"(学校)中的"OO"音一样。继续看着镜子。如果你紧撅着嘴,就会发出法语中"OE"的音,就好像"peu"(一点点)中的"eu"音一样。发音要饱满,不要发成两个音节,如"coo-well"和"schoo-well"。

③然后发"O"音,就像"odd"(古怪的)和"beyond"(超过)中的"o"音一样。唇形没有发"AH"那么圆,有点像矩形。

④嘴唇前伸,发出"AW"音,即"because"(因为)和"all"(所有的)里的"AW"音。如果两唇之间的距离达到足够通过一个大拇指大小之后还有余地,那么你就有可能发出的是"AHL"的音,如此一来你很可能会把"or-ange"(橙子;橙色的)发成"awrange"音。当然,这仅仅是一个关于方言的例子,不用太担心。

⑤嘴唇再次呈圆形,前伸,发出"OH"的音,跟"ode"(颂歌)和"code"(代码)里的"OH"音一样。

⑥下一个音是短音"A",就是"add"(增加)、"man"(人,男人)、"candy"(糖果)里的"A"音,这个音容易鼻音化。放松你的下颚,嘴呈发"AH"音的形状,就是"father"(父亲)里的"AH"音,将嘴张到最大。现在,露出一丝微笑,让嘴形变宽,发出"A"音。下颚保持放松,舌尖抵在下颚牙齿后,这样就能消除通常和"A"音连在一起发出的刺耳的鼻音了。

⑦另一个容易发音失真的音是"my""I""try"里面的"AYE"音。同样,先发出嘴形最宽阔的"AH"音,然后迅速转变为"Y-Y-

Y”音。注意观察,这个音的第一部分不是从鼻子里挤出来的,所以不会有伦敦腔的鼻音在里头。我们来看表8-1的前两列,从上往下读,练习这个音。注意体会在元音后加上“Y”的振动之后(见表8-1第二列)声音会有怎样的变化。

表8-1　“AYE”和“OI”音列表

A	AYE	AW	OI
chat(闲聊)	China(中国)	all(所有的)	broil(烤)
fat(胖的)	quite(非常)	cawed(鸦叫声)	soy(大豆;酱油)
whack(重击)	height(高度)	force(力量)	moist(潮湿的)
quack(嘎嘎叫)	why(为什么)	jaw(下颚)	joy(欢乐)
hat(帽子)	fight(打架)	saw(锯)	foist(把……强加于)
bad(坏的)	dial(拨号)	brawl(争吵)	coined(杜撰的)

⑧和上面一个音一样,“how”和“now”中的“OW”音也同样是以“AH”音开始的,然后转变为“OO”音。如果能做到通过这种方式发声,你就能避免将自己的嘴唇向后垂直方向拉长而发出的鼻音了。

⑨另一个不好发的元音是“oil”和“toil”里的“OI”音。先发“AW”音,然后迅速变为“Y-Y-Y”音,不要发出像“oi-yul”或者“toil-yul”这样的音来。参看表8-1中的最后两列,练习这种发音。

⑩还有一个音容易因失真而发出鼻音,这就是“me”和“queasy”中的“EE”音。新手演员有时为了发音的清晰,将嘴唇向后缩并往上下方向拉伸,装模作样地炫耀自己的一口牙齿。这样不但会把声音送到鼻腔,而且演员还失去了一个产生声音共鸣的大好机会。先说

单词“you”(你),然后去掉“ou”部分的音,只重复发“Y”音。注意观察,嘴唇是怎样往前突的,舌头是怎样卷于下颌牙齿后并且舌尖冲下的。你是否能感受到轻微的振动?现在,练习说“me”(我)。如果感觉这种振动自然而不僵硬,就请继续下面的练习。

8.1.1 练习“EE”音

对下列句子中带下划线的元音保持两到三秒的发音。

①The thieves demeaned Ethan because of the meager feast.(连小偷都对伊桑简陋的宴席嗤之以鼻。)

②His instincts were to cheat the mean and obscene Keith.(他的直觉告诉他要欺骗卑鄙可恶的基思。)

③ The seepage in the shingles of the canteen unsheathed the keeper's deepfreeze.(食堂墙面板中渗出的液体腐蚀了食堂负责人的深冻冰箱的表皮。)

④The ink made him think of the jinx bequeathed by the obscene d emon.(墨迹让他感觉到厄运是由可恶的恶魔带来的。)

8.1.2 “AY”音

如果你掌握了“EE”音,那么接下来练习“raid”和“grade”里的“AY”音。深呼吸,嘴唇往前伸,发出长长的“EEEEEEEEEEEEEE”音。然后变到“AAAAAAA-YYYYYYYY-YEHHHHHHH-AAAAAAAA-YEHHHHHHHHH”。谨记不要让鼻音有机可乘!从上往下朗读表8-2里的每一列,练习“AY”音,着重保持“Y”(EE)音而非“A”音。每个词的振动保持至少三秒。接下来练习含有“AY”音的句子作为额外训练,另外还有几个“EE”音也放进了这些句子作为附加练习。

表8-2 “AY”音列表

convey （表达）	vain （徒劳的）	vapour （蒸汽）	vacate （空出）
may （也许）	maimed （残废的）	make （制造）	Macy's （梅西百货）
neighbor （邻居）	inane （疯狂的）	innate （先天的）	nation （国家）
lay （躺下）	lame （跛足的）	lace （花瓣）	length （长度）
decay （腐烂）	aged （年老的）	dedicate （微妙的）	case （案例）
gay （同性恋）	engaged （忙碌的）	fate （命运）	gape （裂开;裂口）

①Convey your vain thoughts so they dissolve like vapour.（说出你那些自以为是的想法，让它们像蒸汽一样消失吧。）

② The stray flame escaped from the stage and the ungainly audience berated the stage manager.（舞台上的火焰蔓延到了台下，观众愤怒地斥责了舞台监督。）

③Do you crave a shave on the occasion of vaguely feeling the presence of a shapely lady?（如果你隐约感觉到有一位身材姣好的女士在，你会不会特别想好好去刮刮她的脸呢？）

④She was elated at the grace of the cape and embraced the creator of the play.（优雅的披肩让她高兴不已，她兴奋地拥抱了剧本创作人。）

⑤That the occupation was a failure was debatable because the people craved the strength of the raiders.（此次袭击失败了，这种说法是有争议的，因为人们都十分钦佩袭击者的勇气。）

如果想做更多声音振动方面的练习，可以低声哼唱“M-m-m”。

然后逐步将音阶降到你声音音域的最低一级。再从最低音阶往上哼唱,直到你音域的最高音阶。如果你仍然感觉下颚紧张,试着发"KA-KA-KA"音,让软腭活动开,在音域的最高和最低音阶之间进行反复练习。

8.1.3 更多练习

最后一项练习,从一本书或杂志里选一段文章,在前文所提的元音下画上下划线。这里有一段文字摘自希腊剧作家阿里斯多芬的《黄蜂》(*The Wasps*),可供练习。先慢速朗读,使嘴唇充分伸展、下颚放松。然后逐渐加快朗读速度,注意保持脸部的状态。

"I haven't yet mentioned the best thing of all: when I get home with my pay—ho ho! They're all over me. Because of the money, you see. First my daughter comes to give me a wash and rub my feet with oil and it's dear papa this and dear papa that, and she leans over to give me a kiss—and fish out those obols with her tongue! * And my little wife brings out a barley loaf to tickle my appetite and sits down beside me and presses me to eat: 'Do have some of this, do try one of these! ' I enjoy all that—I don't want to have to depend on you and that steward of yours, and wait for him to bring me my lunch, muttering curses under his breath. "①

(我还没说最棒的部分呢:当我拿着薪水回到家的时候,哈哈,他们都争着讨好我。你看,还不是因为钱。先是我的女儿过来给

① Aristophanes, *The Wasps*, *The Poet and Women*, *The Frog*, New York: Penguin Classics, 1964:59.

我洗脚，还给我用油按摩脚。她亲热地叫着爸爸长爸爸短的，还俯过来亲我一口——用舌头摸出那些欧宝来！我那小个子的妻子拿出一条大麦面包企图唤起我的食欲，她坐在我旁边要我吃东西："一定要吃点这个，来尝尝那个！"我简直太享受这样的待遇了，我才不愿意靠你和你的膳务员呢，还得等着他给我送午饭，听他低声嘟囔各种不满。）

* Silver coins so tiny that citizens carried this small change under their tongues.（银币太小了，所以公民们都将零钱搁到舌头下面。）

8.1.4 非中央元音

在英文演讲中大多数非重读音节里出现的弱元音称为非中央元音。它们出现在"gov-ern-ment"（政府）、"con-fla-gra-tion"（大火；冲突）、"in-con-sis-tent"（不一致的）这一类单词里。这种单词是一个重读音节后面跟着一个非重读音节。非重读音节中的元音发音要短，不管怎样拼写，其发音大同小异。不要把它们发成完整的元音。模糊这些元音的发音是完全合理的（这跟舍掉"government"和"February"里的辅音并将其发音成"gover-mint"和"Feb-uary"的情况不同）。

单音节单词如果含有非中央元音且元音后跟一个"r"，比如"poor"（贫穷的）、"peer"（同事；同龄人）、"pear"（梨子）、"pour"（倾泻），注意不要把这些单词发音为双音节词，如"poo-wer""pee-yer""pey-er""poh-wer"。一定要把这些单词发音为单音节词。利用表8-3中的单词练习这些非中央元音的发音。

表 8-3　非中央元音列表

look （看）	lick （舔）	mechanics （力学）	luck （运气）
crook （恶棍）	mistake （错误）	telephone （电话）	lumbering （笨拙的）
took （拿）	primer （底漆）	telepathy （心灵感应）	interment （葬礼）
book （预订）	timerous （胆怯的）	telethon （马拉松式电视广播节目）	hesitate （犹豫）
forsook （放弃）	livery （制服）	tentative （试验性的）	govern （管理）

8.2　清晰的辅音发音

清晰的辅音能让你的演讲内容明朗、语言易懂。在英国，辅音的发音一般都非常清楚，尽管各地方言中元音的振动各有不同。然而，在北美，辅音大多数都读得模糊不清，你很难分辨某人是在说“bud”（萌芽）还是“but”（但是），是“bad”（坏的）还是“bat”（蝙蝠）。“butter”（奶油）几乎无一例外地发音为“budder”；“little”（小的）、“battle”（战役）、“bottle”（瓶子）的发音也处理得差不多。“What's the matter?”（怎么回事?）经常被发音为“What's madder?”电话那头的话务员通常是用其独特的“S- minid pleeze”（请稍等）应答。所有这些问题的根源都是辅音没有发好音。

辅音既可以是发音的也可以是不发音的。发声的辅音需要利用声带的振动，所以不可能是耳语。不发音的辅音是不需要声带振动的。如果你发音“t-t-t”，这个轻敲的声音是不发声的，但是如果你发音“tee”，就会用到声带。

在这个部分,我们只讨论发音最困难的辅音。

8.2.1 “S”音

“S”音是一个容易产生问题的音,因为人紧张的时候,它是最容易受到影响的音,可能会被发成“嘶嘶”声,从嘴的两侧拖泥带水地发出边音,如发成“sh-led”而不是“sled”(雪橇),或者口齿不清(发成“TH”音而不是“S”),又或者出现其他问题。

“S”音轻微的“嘶嘶”声会在你的上颚产生细微的感觉。想要体会这种感觉,可以发出“Z”音,不是美式英语里的“zee”音,也不是加拿大英语的“zed”音,只是“Z-Z-Z-Z-Z”这个音。然后停下声音,继续轻声耳语,注意,你现在便能发出完美的“S”音了。为了让发音清楚利落,应牙齿靠拢、舌尖冲向上牙龈,两唇之间没有空气的流动。如果你舌尖用力,那么发出的声音也会变得更加饱满,所以要挺直舌尖。尽管这是发“S”音的标准方法,还是有一部分人能在舌头放在下牙龈的情况下发出漂亮的“S”音。如果你属于这种情况,那么不要试图改变,因为我们的主要目的是为了发好“S”音。

有些人只有在“S”音出现在单词的某个特定部位时,才会产生发音困难。有两个很难说的著名的顺口溜,一个是“Sister Susie sews shirts for soldiers”(苏西姐姐给士兵缝衬衣),还有一个是“She sells seashells by the seashore”(她在海边卖贝壳)。发音是从单词的前部(词首)到中部(词中)再到尾部(词尾)的。

读表8-4的各列单词,练习“S”音。如果可以的话,站到镜子面前,正如练习元音一样,最好凭借身体的感觉来判断发音的正确性。

表 8-4 "S"音列表

initial (词首)	seldom (很少)	selfish (自私的)	scenic (风景优美的)	scent (香味)
medial (词中)	obscene (淫秽的)	absence (缺席)	ascertain (查明)	assertive (武断的)
final (词尾)	kiss (接吻)	diaphanous (轻薄透明的)	distress (悲痛)	emphasis (强调)

8.2.2 "T"音和"D"音

接下来比较难发的辅音是"T"。这个音不需要发声(只要气息即可),把舌头放在上牙龈边,然后弹开。嘴唇向前伸,这样就能避免舌头的僵化。舌头的僵化以及把舌头抵在上牙背部会导致"T"音的"齿音化"。小声发"D",然后慢慢变为轻声的"T"。正如"S"音一样,"T"音也可能出现在词首、词中或词尾。

读表 8-5 中的各列单词,练习"T"音。作为补充练习,试着说说下面这个绕口令:"Tie twine to three tree twigs"(把麻线缠到三根树枝上)。嘴部放松,嘴唇前伸,舌头灵活。反复练习,直到你能清晰快速地发出这个音为止。

表 8-5 "T"音列表

initial (词首)	table (桌子)	topic (话题)	tumble (跌倒)	turn (旋转)
medial (词中)	bottle (瓶子)	battle (战役)	brittle (易碎的)	habitual (习惯的)
final (词尾)	admit (承认)	concrete (具体的)	Peter (皮特)	discreet (谨慎的;强调)

"D"音的形成跟"T"差不多,但是这个音要发出声来(运用声带)。读表 8-6 中的各列单词,感受一下"D"音的感觉。

表 8-6 "D"音列表

initial （词首）	derogatory （贬损的）	diddle （骗取）	deem （认为）	douse （熄灭）
medial （词中）	advertise （做广告）	sandcastle （沙塔）	wonder （奇迹）	mending （修理）
final （词尾）	defamed （诽谤）	conceived （构思）	plead （恳求）	unplanned （未筹划的）

8.2.3 "R"音的问题

和"S""D""T"一样,根据其是在词首、词中还是词尾,"R"会有不同的发音。英国人把"R"发得一点儿也不像辅音;很多加拿大人和美国人,尤其是中西部的美国人,由于"R"音发得太过用力而弱化了前面的元音。将位于词中的"R"发成实实在在的辅音会产生以下问题:"R"之前的元音被弱化甚至消失、嘴被扭曲得很难看,或者"R"音鼻音化。

当然,如果只用嘴唇不用舌头,就会出现这样的句子:"Wight! Weddy when you ahw, C. B."。发在词首的"R"音时,要确保舌底与上面牙齿背部充分接触。朗读下列单词,练习它们的发音:"read"(阅读)、"reality"(现实)、"readiness"(敏捷)、"ritual"(仪式)、"redwood"(红杉)。只要不影响"R"音之后的元音发音,尽可能地用力发"R"音。

在发位于词中和词尾的"R"音时,舌头要放松,减弱发音引起的轻微振动。舌头前伸,嘴张开至发"AW"音的大小。保持发音状态,脑子里想着"R",将舌尖向下滑到下面牙齿的背部,减小舌头和两侧牙齿的贴合。读下列单词,试着发出这个音:"pearly"(珍珠似的)、"journal"(日报)、"bird"(鸟)、"curb"(限制)和"absurd"(荒谬的)。

通过表 8-7里的例子练习三个不同位置的"R"音。

表 8-7　三个不同位置的"R"音

initial(词首)	Round the rugged rock the ragged rascal ran.(衣衫褴褛的恶棍绕着高低不平的岩石狂奔。)
medial(词中)	I have heard of a bird on the wing. ①(我听说有一只鸟长在翅膀上。) Isn't that absurd.(这真是太荒唐了。) It should be the wing on a bird!(应该是翅膀长在鸟身上才对!)
final(词尾)	This butter's bitter; if I put it in my batter, it will make my batter bitter.(这种黄油很苦;如果我把它放进糊糊里,糊糊也会变苦的。)

8.2.4　令人厌恶的"NG"音

在所有演讲时难发的音里面,可能最常被发错的音是"NG"音。要发出这个音,需要让舌头背部和软腭保持接触,舌尖轻触下门牙的背部。深呼吸,把"NG"音唱出来,尽可能长地保持这种状态,感受鼻腔中持续的振动。气息结尾不要发出咔嗒声("K"或"G")而中断了振动。"NG"音仅仅是以阻止气流的通过而结束的。如果你以咔嗒声结尾,那么"hanging"(悬挂着的)就变成了"han-Ging","Long Island"(长岛)就变成了"Lon-Giland"。另一方面,不要完全不发出"NG"音,这样的话就会出现"runin"(奔跑)和"jumpin"(跳跃)这样的单词。这样的发音不仅显得无力,而且也会影响这些词的共鸣效果。

---

① 此处"on the wing"取的是字面意思"在翅膀上";"on the wing"表示"展翅飞翔"。——译注

反复朗读下列单词来练习“NG”音:“sang”(唱歌)、“ring”(戒指)、“swing”(摇摆)、“thing”(事物)、“belonging”(附属品)、“ringing”(响亮的)、“swinging”(愉快活泼的)、“pingpong”(乒乓)。特别注意在词末不要发出咔嗒声。

在比较级和最高级单词里,“NG”中的“G”音是“NG”音鼻腔振动之后产生的,如“stronger”(更强的)、“strongest”(最强的)、“younger”(更年轻的)、“youngest”(最年轻的)、“longer”(更长的)、“longest”(最长的)中的“G”。同样地,位于词中的“NG”之后所跟的部分如果对于整个词来说没有任何实际意义,那么这个部分就跟着“G”或“K”音,如“England”(英国)、“strength”(力量)、“anger”(愤怒)、“tangle”(纠缠)、“malingering”(装病)。当然,也有“K”和“G”不发音的例外:“gingham”“Birmingham”“Washington”“Buckingham”。

8.2.5 难搞定的“TS”

最后一个演讲大敌是“TS”音;即使是专业演讲者和播音员都经常发错。要发好“TS”,舌尖抵到上牙龈边,好像是在发“T”,接着发出锐利的“S”音。你会感觉到舌尖和牙齿间有轻微的“嘶嘶”声。当“TS”前是其他辅音时发音就会出现问题,如“adopts”(采用)、“attempts”(试图)、“gifts”(礼物)、“thefts”(偷盗)。

人们容易跳过“T”,直接从“T”前的辅音跳到“S”,发出类似于“adops”“attemps”“gifs”“thefs”这样的音。要练习轻快利落地发出三个辅音。

在所有三个辅音组成的组合中,最麻烦的是“STS”音,它出现在以下单词中:“artists”(艺术家)、“casts”(投掷)、“contrasts”(对比)、“scientists”(科学家)、“frosts”(结霜)等。

慢速朗读下面一段文章,发音要清楚、轻柔而优美。随着发音的改善可加快朗读速度。

Amidst the mists and coldest frosts(薄雾笼罩,冰霜刺骨),

With stoutest wrists and loudest boasts(最结实的手腕和最大声的自夸),

He thrusts his fists against the posts(他双拳猛地打在柱子上),

And still insists he sees the ghosts(他坚持称自己看到了鬼魂)。

如果你仍然感觉舌头迟钝,别急着练习"S"到"T"再回到"S"的组合,尝试一下下面的练习,锻炼舌头的灵敏度。

8.2.6 舌头灵敏度练习

嘴巴张开,呈舒适状态,下巴下垂。做下列练习时别让下巴抢了舌头的活儿,要让它们各司其职。可以将右手食指放到下巴右侧紧挨嘴唇处。下巴不能动。以精确的鼓点节奏说出下列单词,这些词都是以辅音打头的,且都需要用舌尖轻轻抵住上牙龈边。记住舌头不要抵到牙齿上,嘴唇要前伸。

NAH nah-nah-nah NAH NAH(3 次)

DAH dah-dah-dah DAH DAH(3 次)

TAH tah-tah-tah TAH TAH(3 次)

现在加快朗读速度,继续保持清晰的发音。接着说:

Tit for Tat　　fit for Tat　　Tit for Tat

tit tat toh　　tit tat toh　　tit tat toh

接下来,练习"T"和"D"两个音。

①"T"在词首:Oh, the terrible, tyrannous, treacherous trick!(噢,多么恶劣、残暴、奸诈的把戏!)

②"T"在词尾:Oh,East is East and West is West.(噢,东方就是东方,西方就是西方。)("T"要发得轻盈巧妙。)

③"D"在词首:Do and dare. Do and dare. Do and dare.(敢想敢做。)

Dull,dark dock! Dull,dark dock!(迟钝无知的蠢蛋!)

④"D"在词首及词尾:Dull and dead. Dull and dead. Dull and dead.(无聊又呆板。)

活动

从一本你最近在读的杂志或书中选一段文章。将这一章里所提到的所有容易出现问题的音都标出来。然后慢速、从容地朗读,当你对发音更有自信了的时候就可以加快朗读速度了。最后,如果你发音的"功夫"已经炉火纯青了,看看在发好辅音的情况下你能以多快的速度朗读。

8.3 控制并表现声音

开完会之后你的嗓子疼吗?做完演讲之后喉咙是不是会嘶哑?这可能是由于情绪紧张、声音使用过度造成的,或者是由于你是通过喉咙部分来提高音调,而非通过放松、调整呼吸的方式提高音调所导致的。之前探讨过放松和呼吸训练方法,进行那些练习便可以克服这个问题,良好的元音发音能够使声音更加洪亮。现在,你可以准备好做一些练习帮助你表现声音、扩大音域、提高音量了。如果以前有过观众抱怨你演讲声音太小,那么这些练习就太适合你了。

8.3.1 轻松的声音表达和音域

当我还是很小的时候,会和朋友们在公寓大楼之间做粉笔游戏。我记得有一个七八岁大的小男孩,会突然冲着他在五楼的妈妈发出号角般的召唤:“喂,妈……给我扔块面包下来,抹上黄油撒上盐。”不一会儿工夫,窗子就打开了,扔下来一个装着战利品的褐色纸袋子。这个小家伙是怎样做到让声音穿透窗户,传到第五层的呢?原因就在于他放松了喉咙,拉长了元音。

你应该听过会议发言人拿着麦克风对广大观众说:“La-d-i-e-s and Gent-i-l-m-en(女——士——们、先——生——们)!”说话语速很慢,发音格外清楚,元音延长。教官所喊的“Ten- Hut! Hut-Who-Hee-Haw!(意译为‘注意! 一、二、三、四!’)”也是一个通过拉长元音发送声音的例子。

选几个下面的练习,练习发出稳定、自然的声调。

①把元音甩出来。高声唱出一个元音(“AY”或者“OW”),想象着把这个音瞄向了远方的目标。发音要清晰且铿锵有力,要勇敢地去尝试。

②做一些第8章里的练习,比如弓步压腿、上半身旋转等,先把双手放到脑后。边做练习边念几句你正在准备的演讲词,并把手垂至身体两侧。

③一般来说,在做呼吸练习时,吸气时间短,呼气时间长。这次反过来,吸气时间长,呼气时间短。现在,再来一次,慢慢吸气,然后把声音送出半个街区那么远:“Come and Get It(过来把它拿走)!”喉咙保持放松状态;不要扯着嗓子喊。

④再次从演讲稿里选出一些句子。先是轻声说出来。然后,站

起来,四处走动,音量增大,音域拓宽,声音变得更加洪亮。

8.3.2 拓宽音域

①挺直身板坐好。先说"hey(嘿)"这个词,从你音域的最低一阶开始,利用腹部发音。然后垂落成布娃娃姿势,随着你身体往下陷,音阶逐步上升。声音到你音域的最高一阶时身体猛地垂落。身体下陷的时候别忘了屈膝。

②现在,把这个过程的顺序倒过来。先从身体垂落的布娃娃姿势开始,以你音域的最高一阶发出"hey(嘿)"的声音。在快速抬升身体至笔直坐姿的同时,将音阶降到你的最低音区。不用严格遵守各种音符章法,让声音随性发出。将这个练习重复数次。

8.3.3 自由练习

要想改善声音,你必须学会自由地练习发音。在练习发音或者进行肢体训练的身体要保持自如地活动,因为身体僵硬就会影响说话。用无意义的音节来表达意思。展开一段讨论,用上所有对你来说难发的辅音。假装你正在说一首只含有元音的动人的爱情十四行诗;想象自己在庄严的大会上给全体员工致辞,用上元音和辅音。拿一本你正在读的杂志或书,选一段文章。先轻声朗读文章,然后慢慢加速,看看你能读到多快的速度且仍能保持清晰的发音。试着重读每三个单词的第三个,然后换到重读每五个单词的第五个。读这些句子的时候试着向上、向下变换音阶,自如地走动,边说话边活动身体。

请尽情享受即兴练习的过程吧。

8.4 小结

①在正式演讲之前,不管是练习还是上场之前做准备,你都要做好身体和声音方面的热身。

②正确的元音发音能够产生饱满、浑厚的声音,不会产生鼻音的瑕疵,而且让音调更加丰富。

③掌握好难发的辅音可以让你即使在高压环境下演讲也能发音清晰。

④通过练习和即兴自由练习能够改善声音的表现、拓宽音域、提高音量。

第9章 演员速记法

为文章标注意群、音调、节奏

对词语进行强调

勤加练习、摆脱束缚

声情并茂、兴趣盎然地阅读

在演讲中，无论演讲者的嗓音多么洪亮、多么深沉、多么优美，如果他（她）始终用同一种语调，那么观众一定会听得昏昏欲睡的。即便演讲者能做到每一句都抑扬顿挫，但如果这种变调规律一成不变，演讲也只会让人感到枯燥无味。专业演员需要注意词语的分节、音调以及演说速度和节奏的变化，还要注意应适当停顿以强调演讲内容——这也是顶尖演讲人员的标志。

9.1 划分意群

在接下来的几个部分里，你要练习给几段文章做出记号，把其想象成你的讲稿，通过标记来更好地“表情达意”。“标记文章，表情达意”意思是说给演讲稿做出标记，用最有效的方式向观众表达你的观点。

9.1.1 分节与定调

词组或短语是一句话里的意义单位,通常由逗号隔开。分节意味着合理地换气,既不会影响到演讲的流畅性,也不会让你上气不接下气。读下面一段节选自罗伯特·墨菲(Robert Murphy)的“彼得·伯利兹的追求(*The Pursuit of Peter Bellse*)”中的一段文章,注意文中的用词。写作这篇文章的年代正是人们对标点的使用严谨认真的年代,所以给这篇文章划分意义群是非常简单的。

In the middle of the fourth night he was awakened by a hysterical and bloodcurdling uproar around the tent. He got out of the sleeping bag, grabbed the rifle, and ran out. There was a thin moon; the dogs crowded around him, and stumbling about, he saw a great white beast with its head high, running off with a dog nearly as big as itself in its jaws. It wasn't more than fifteen yards away, and rapidly vanishing into the gloom. He shot. The wolf dropped the dog and fell, rolled over and then got up on its forelegs and dragged itself swiftly out of sight. A few seconds later he heard the rest of them finish it. ①

(第四个晚上的半夜时分,他被帐篷旁边一阵歇斯底里、令人毛骨悚然的骚乱声吵醒了。他爬出睡袋,拿上步枪跑开了。月光稀疏;狗群围拢在他身旁,他蹒跚着,看到一只白色的大野兽,仰着头,嘴里叼着一只和它一般大的狗跑了。在不到十五码开外的地方野兽很快便在漆黑的夜色里变得模糊起来。他开枪了。那只野狼松开了狗,

---

① Robert Murphy. *The Pursuit of Peter Bellise* [M]//*Prose and Poetry for Enjoyment*. New York:L. W. Singer and Go. 1950:481.

倒在了地上，然后一个翻滚用前腿将自己撑起来，拖曳着身体迅速逃出视线。几秒钟以后他听到其他狗扑了上去消灭了它。)

单斜线(/)表示短暂停顿；双斜线(//)表示较长停顿。比如，

He got out of the sleeping bag,/grabbed the rifle,/and ran out. //(他爬出睡袋,/拿上步枪,/跑开了。//)

There was a thin moon;/the dogs…(月光稀疏;/狗群……)

声调上扬用向上的箭头(↗)，声调下滑用向下的箭头(↘)。比如，

He got out of the sleeping bag↗,grabbed the rifle↘,and ran out↘.(他爬出睡袋↗,拿上步枪↘,跑开了↘。)

在长句子中，有时最好把除去最后一个词组的其他所有词组的调稍微往上读，这样能暗示观众演讲者还有一句话没说完。这种“保持法”在说到一系列词时尤为重要，比如，bread(面包)↗、butter(黄油)↗、milk(牛奶)↗、eggs(鸡蛋)↗、vegetables(蔬菜)↗、fruit(水果)↗,and some dessert(以及一些点心)↘。

结尾处声调下滑能暗示观众还有一句话就要结束，但是这并不意味着每句话的调在结尾处都要下降，这会给人带来无法忍受的单调和枯燥。

(译者注：英文翻译：……所以，我们正在赔钱，不过……)

9.1.2 速度和节奏

演讲速度的变化也能增强演讲的多元性。在正常的演讲中我们不会使用恒定的速度。如果你在花园里干活，有一位邻居过来与你闲聊，你肯定会用非常放松的语速聊天。但是，如果你突然看到你的孩子正想夺门而出，你肯定会大叫：“等等，小家伙！我不是跟你说过

要先完成作业才能出去玩的吗！”这句话的第一部分是想喝止他，让他停下来；第二部分会说得快速而有力。等回过头跟邻居聊天时你的语速便会又变缓下来。

速度是指一段文章整体的速率，而节奏是指一个句子里速度的变化或者句子和句子之间速度的不同。

比如，在罗伯特·墨菲的文章里，第一句是叙述，所以要用适中的节奏朗读："In the middle of the fourth night he was awakened by a hysterical and blood-curdling uproar around the tent.（第四个晚上的半夜时分，他被帐篷旁边一阵歇斯底里、令人毛骨悚然的骚乱声吵醒了。）”在接下来一句里就有了一丝紧迫感："He got out of the sleeping bag, grabbed the rifle, and ran out.（他爬出睡袋，拿上步枪跑开了。）”之后，节奏又缓和下来，因为它是对场景的描述："There was a thin moon; the dogs crowded around him, and stumbling about he saw a great white beast...（月光稀疏；狗群围拢在他身旁，他蹒跚着，看到一只白色的大野兽……）”这时，语速加快，越来越快，直到结尾："rapidly vanishing into the gloom.（很快便在漆黑的夜色里变得模糊起来。）”然后停顿一下，说"He shot.（他开枪了。）”再紧接着就是更长的停顿。

速度加快的部分可以用波浪下划线表示。如果速度大幅加快，就加上更多的波浪下划线。

9.2 通过音量、声调和停顿进行强调

对演讲内容进行强调的方法有很多种。可以通过提高音量实现：一条下划线表示音量稍增，两条下划线表示音量大增；或者也可

以通过减小音量实现。当然这就是声调的改变了,可以用向下的箭头表示。

事实上,第9章里讲到的轻声耳语是一种吸引注意力的绝好办法。有一次,我得了支气管炎,却要教一个精力过旺、闹哄哄的"熊孩子"班级。因为支气管炎使我无法正常说话,于是我走进教室开始轻声向大家问好,讲课的时候也一直用的这种声音。结果我发现孩子们居然前所未有地专心并认真听讲!

优秀的演员之所以能呈现出具有独创性的作品,并非依赖于他们台词的设计,更要靠他们说话时对于停顿的运用。有时在某个重要单词或词组之前技巧性地稍作停顿就能非常有效地起到强调作用。如果停顿运用得当,不但能够强调停顿之后的词,而且可以给听众带来一丝悬念感。

如果把罗伯特·墨菲的文章进行全面分节、声调、强调和节奏的标记处理,这篇文章的前一部分就成了下面的样子。这里所用的符号,以及本章里讲到的其他符号绝非官方标准版本。如果你用得习惯就采用这一套。如果你不喜欢,也可以创造自己的标记系统,但是所创符号要一目了然、易于识别。

阅读下面这段已标记好的文章。尤其要练习声调的上扬。上扬的语调在不滥用的情况下是能够为你的演讲瞬间增色的。

In the middle of the <u>fourth</u> night ↗ he was awakened by a <u>hysterical</u> and <u>blood curdling</u> uproar around the tent. ↘// He got out of the sleeping bag ↗, /grabbed the rifle, ↗/ and ran out. ↘// There was a <u>thin</u> moon; ↘//the gods <u>crowded</u> around him↗, / and <u>stumbling</u> about, ↗ he <u>saw</u> a <u>great white beast</u> with its <u>head high</u>, ↗<u>running off with a dog</u> nearly as big as <u>itself</u> in its jaws. ↘/ /It wasn't <u>more</u> than <u>fifteen</u> yards away, ↘/and rapidly vanishing into the gloom. // He shot. ↗//

9.2.1 摆脱束缚

选一篇小孩子最喜爱的故事,故事需要利用夸张、渲染及各种声音技巧表现出来。大声读出这个故事,想象你是在给一个孩子讲故事。你会发现这样能让你毫无拘束地朗读;你肯定不会介意厚着脸皮给小孩子夸张地读故事的。记住还要加上手势啊!比如,你可以这样朗读《金发姑娘和三只熊》:"A great Big father bear(一只硕大的熊爸爸)"(用手描绘一个庞大的体型),"a medium sized mother bear(一只中等体型的熊妈妈)"(提高嗓音扮演熊妈妈),"and a teeny-weeny little baby bear(和一只小小的熊宝宝)"(尽可能用声音和手势表现出熊宝宝娇嫩的声音和微小的体型)。

9.2.2 通过叙事文进行练习

阅读下面的选段,注意词组的分节(以及气息)、音量、停顿、声调和节奏的变化,烘托出应有的气氛。把这些选段或类似的节选段落复印出来,像标记你的讲稿一样给它们做标注。然后,再通读一遍文章,把元音、振动的"EE"音,以及你觉得最容易产生问题的辅音都标出来。

如果可能的话,就把所有的朗读练习都录到磁带里保存起来。当你完成几个环节的练习之后,把新的录音和以前的录音进行比较。这样做对你的进步能起到很大的激励作用。

①读下面一篇文章,要读出对过去的怀恋和对现实的强烈不满。

I must admit that my heart sank the first time I saw my old rooms, the bedroom I occupied as a girl, every little luxurious detail of which I had grown to regard as al most a part of myself. It is now filled with two rows of iron beds, from which look up discolored and distorted faces. When I looked in at my bathroom, they were washing an incredibly dirty old woman-at least I thought her old, but I learnt afterward lat er on that she was not so very much older than myself. Her yellowish wrinkled body was all covered with red and black spots. Lice! I had never seen lice before. A nurse was picking up with a pair of tongs the rags they had just taken off the woman, to send them to the disinfecting oven. ①

（我必须得承认我第一眼看到自己曾经的老房间时心猛地往下一沉，这曾是我还是个小女孩时的闺房，房间里每一点小小的华丽伴随着我成长的足迹，成为我人生的一部分。现在房间里取而代之的是两排铁床，床上的人们蓬头垢面、神情扭曲。我走进浴室看了看，他们正在给一位老妇人洗澡——至少我觉得她挺老的，这位老妇人简直脏到了令人难以置信的地步，但是后来得知她其实比我大不了多少。她蜡黄褶皱的皮肤红一块黑一块。有虱子！我以前从来没见过虱子。一位护士拿着一把钳子夹起他们刚从这个女人身上脱下来的破衣服，想把它送到消毒炉里去。）

②读下面这篇文章，要制造悬念、读出兴奋之情来。

Some Russian troops were in Hohenstein, but they were caught in a trap that was fast closing.

Then the orders began coming from Venetsky: " No. 1 gun! Elevation... range. ...shrapnel ...fuse... gunfire!" And following the first gun,

① Robert Briffault. *Europa in Limbo*[M]. New York: Scribner's, 1937: 159.

the whole battery belched smoke and flame.

Shrapnel is deadly against bodies of troops: fire it at a battalion in line of march, and in three minutes they will be wiped out.

The German guns opened up in reply, and the rounds began getting closer, but against the sun they were unable to locate the Russian battery.

The Sophia regiment passed through , followed by supply wagons and ammunition trains.

The Mozhaisk regiment passed.

The success of the action was now to be measured not in minutes or in rounds of gunfire or in wounded but in the number of marching columns that passed. How many would succeed in scraping through? How many would be cut off?

A gunner was knocked out, and Chernega took over in his place.

Smoke was billowing up from several burning houses in the village—and still Russian troops were pouring out of the smoke, mounted and on foot, running and walking in an endless stream: two more battalions of the Zvenigorod regiment, mixed stragglers from several shattered units, a handful of men from the Dorogobuzh regi ment, and then their own brigade commander, Colonel Khristinich, together with the remaining half battery.

He recognized them and waved : " Well done , lads ! Magnificent! "①

---

① Alexandar Solzhenitsyn. *Augoust Tchetyrnadtsatoguo* [M]. New York: Farrar, Strauss, and Giroux, 1971: 421.

一些俄罗斯部队被困在霍恩施泰因，不过这种困境马上就要结束了。

接着从维尼茨基传来了命令："准备第一次开火！射角……射程……榴霰弹……引信……炮击！"第一声炮响过后，整个炮台便笼罩在滚滚浓烟和火焰中。

榴霰弹对于军队来说绝对是致命的：如果向扎在行军路线上的军营开火，三分钟就能歼灭他们。

德国军队开始用枪炮反击，彼此的射击开始不相上下，但是由于德国军队是逆光开火，他们无法对准俄国炮台。

索菲亚军团经过，后面跟着补给车和军火列车。

莫扎斯克军团经过。

此次行动的成败不再以时间或交火回合抑或伤亡人数决定，而是以路过的行军纵队数决定。有多少行军纵队能侥幸通过？有多少会滞留于此？

一位炮手倒下了，切尔涅加顶替了他。

村里的几个房子着火了，冒出滚滚浓烟——尽管如此，还有俄罗斯军队从烟雾中奔涌而出，一波又一波，有骑马的，有徒步的、奔跑着或步行着：又来了两个兹韦尼哥罗德的军营，混杂着零零散散几个小分队中走散的士兵、几个多罗戈布日军团的人及他们旅里的指挥官、克里斯汀尼池上校，另外还有半个炮兵连。

他认出了他们，挥手道："干得漂亮，小伙子们！简直太棒了！"

③下面一段文章里的一串名单可能会让人感到枯燥无聊，难点就在于如何让它们听起来显得有意思。记住同一类中的每一项要以上扬的音调结尾，让观众有所期待。读到每一个名字时都要让观众感受到隆重出场、意义非凡的架势；同时，不要忘了节奏的变换。

The 1921 Follies next year was a historic show. Victor Herbert. and Rudolph Friml wrote music for it. Fannie Brice sang, "My Man" ; and "There is the dry and personal humor of Raymond Hitchcock," as the World noted, "who opened the show with the satirical ' Statue of Liberty ' scene. Among the guests," the World said, counting the stars on both sides of the footlights, were " Mr. and Mrs. Vincent Astor, Mr. and Mrs. William Randolph Hearst, Mr. and Mrs. Herbert Bayard Swope, Mr. and Mrs. Julius Fleischmann, and Mr. and Mrs. John Ringling ... "①

接下来一年(1921 年)的富丽秀可谓历史意义重大。维克特·赫伯特(Victor Herbert)和鲁道夫·弗瑞莫(Rudolph Friml)给它写的音乐。范尼·布莱斯(Fannie Brice)演唱了《我的男人》;"雷蒙·希区柯克独具特色的冷笑话,"如《世界》所评,"以讽刺特色的'自由女神'场景开场。在出席的观众中,"《世界》说道,坐在舞台两侧脚灯旁的明星,有"文森特·艾斯特夫妇、唐纳德·瓦格斯塔夫夫妇、驻德大使詹姆斯.W. 杰勒德、威廉·伦道夫·赫斯特夫妇、赫伯特·巴亚特·斯沃普夫妇、朱利斯·弗莱施曼夫妇,以及约翰·瑞林夫妇……"

9.3 演讲中的朗读

有时候演讲中会需要用到一些文章,这些文章与你的主题相关

---

① Robert Lewis Taylor. *W. G. Fields—His Follies and Fortunes* [M]. New York: Signet, 1967:145.

并且在改述之后失去原有的语言效果。比如,19 世纪鬼才皮埃尔·福尼尔(Pierre Foumier)墓碑上的碑文就最好不要用自己的话复述:

Here lies Pierre Foumier, inventor of the everlasting lamp ,which consumes only one centime's worth of oil an hour. He was a good father, a devoted son, and a cherished husband. His eternally mourning widow continues his business on the Rue Aux Trois. Goods sent to all parts of the city. Do not mistake the opposite shop for this.

这里躺着皮埃尔·福尼尔,他发明了一小时仅消耗一生丁①油的油灯,持久耐用。他是一位好父亲,一个孝顺的好儿子,以及值得妻子钟爱的好丈夫。他的夫人尽管沉浸在亡夫的无限悲痛之中,但是仍将坚持他在偌·奥克斯·卓易斯的事业。他们的货物可运送到全市各地。千万不要走到他家对面的店里去了。

对于演讲中阅读材料的选择要慎重。不要一口气读一大串观众难以消化的数字、名字或地名。这一类信息最好通过视觉手段呈现出来。

选择一篇你已经做好意群划分,标注了声调、音量、节奏等的文章,按演讲的正确站姿站好(一只脚略置于另一只脚前),检查一下自己身体的姿势是否正确,一手拿好包含这篇文章的书。现在,从上至下扫视一遍全文。然后先自己练习划分的第一组词组并领会它的意思;接着抬起头来往前看,大声重复刚刚读过的部分。话音将落时继续往下看,扫视下一个词组,再抬头,复述这个词组。这样直到文章结束。这一技巧能让你在说话的同时和观众保持眼神交流。

---

① 生丁:法国货币单位。

反复练习,直到你能自然地大声朗读文章为止。可以在家人或朋友面前进行练习。

活动

选一篇你可能在实际演讲中用到的文章或报道,给它做好意群划分并进行排练。然后把你从第1章开始就准备好的演讲草稿做上标注,并进行排练。

9.4 小结

①演员的速记法指的是给文章划分意群,做出声调、停顿、节奏和强调部分的标记。

② 学习并运用演员的速记法不仅能够增添演讲的趣味性和多元性,还能够帮助演讲者恰当地表达兴奋或其他各种情绪。

③ 对音量、声调和停顿的有效利用,可以在演讲中起到更好的强调作用。

④ 如果在演讲中必须要读文章的话,可以运用词组扫描的方法,这样能保证你在说话的同时保持和观众的眼神交流。

第10章　表演技巧的运用

改善注意力

利用哑剧中丰富的手势

肢体语言

成功的关键——激动

表达情感

凸显个性

真实可信

达成目标

即兴发挥、混搭技巧

有人问一位声名显赫的商人什么课程对他的职业生涯产生的影响最大,他毫不犹豫地答道,最重要的课程是表演课。“我上过一些短期的表演课,”他说,“它们的价值实在难以衡量。它们培养了我的自信心,让我认识到肢体和语言所产生的效果,同时教会了我如何与观众进行沟通。”①

我们已经明确了商业演讲者和演员之间的诸多共同点。这一章里所讲的表演方法能够丰富你的声音和语言技巧,并增强你的自信心,让演讲更为真实可信(见图10-1)。

① Hellen Bullock. Working World [N] *Toronto Star*, 1985 - 11 - 20.

图 10-1　作为公共演讲者，你可能会遇到并不友善的观众，所以要事先考虑观众可能提到的问题，并保持冷静

10.1 专注力

专注力是全神贯注于某件事或某个想法上而不分散自己的精力、不转移想要表达的思想或想法的能力。缺乏专注力的话,你既无法成为一名名演员,也无法成一名演讲者。下面一些练习方法能够帮助你改善专注力。

10.1.1 在有干扰的情况下训练记忆力

①找一首八到十行的诗。打开收音机,调到一个讲话类节目。

②收音机保持打开状态,开始记忆背诵这首诗。不一会儿你就会发现你自动“过滤”了收音机的声音——你听不到它了。记录一下你背诵这首诗所花的时间。

③几天以后,再选一篇同样长度的诗进行背诵,同时打开收音机,音量调到同样的大小。

如此进行六次,每一次都记录下背诵的时长。你会惊叹自己的背诵速度和专注力方面的进步。

10.1.2 集中注意力、回忆细节

回想一下家里你最熟悉的一个房间的布置。现在,坐在另一个房间里,在一张纸上写下你能记起的关于那个熟悉的房间的一切。尽最大努力回忆起房内陈设,并给出详细描述。回忆家具、小古董、油画、照片、灯以及其他物品的颜色、大小、形状和图案。10分钟之内写好全部内容。随后你有机会根据房内实景,检查单子上有没有被遗漏的物品。

重复这项练习,这次选择一个你不熟悉的房间。你会惊喜地发现自己观察事物的能力及自己的专注度大大地增加了。

10.1.3 一心多用

即使是已经达到了能将角色诠释得出神人化的地步的演员们,在舞台上的时候仍然需要一心多用,他们不但要留神自己的动作,注意待在有灯光的区域,努力表现自己的声音,还要留心台上其他演员的讲话。这种技巧在商务演讲中也需要用到。商业演讲者在说话的同时要播放视听材料,还要随时关注观众的反应,并稍事留意自己的站姿和手势。通过培训,你可以获得这种技能,从而让你的演讲表现得自然得体。

(1)练习一

从你在练习关注力时背过的一些诗和文章中挑选一篇。尽力以丰富的表达方式表现文字中的情感。一边说一边做些粗活,如洗碗、擦碗、整理床铺或打扫房间。

(2)练习二

选择同一篇文章,或者另选一篇你背诵过的文章,边说边做在第八章里所学到的热身和放松练习。

(3)练习三

尽量把演讲开场部分的关键句子记下并大声说出来。措辞不需要完全和演讲稿一致,但是必须遵循演讲结构大纲中的顺序。同时,做一项有节奏感的运动,比如划船或者仰卧起坐。如果你觉得这么做有效果,就边做运动边把整个演讲说一遍。这样你不仅有机会练习演讲(而不是死记硬背),而且能培养一心多用的技巧,可以在演讲时熟练地兼顾视听设备、灯光等，还能够保证整个演讲过程的流畅性。

10.2 增强语言的可信度

如果你没有充分表达自己的意图，那么无论你的言辞多么富于雄辩，观众也领会不到你想传达的信息。演艺圈有人称之为"演绎你的用意"。在演讲准备中它叫作"实现目标"。如果一句普通的话说10遍，每一遍都带着不同的目的，那么同一句话就能表出10种不同的含义。

下面的一些练习能帮助你学会如何通过语言表达自己的意图——让观众对你的演讲心服口服。有些练习你需要一个搭档的帮助；有些练习则可独立完成。

(1) 练习一

说"我爱你"这个简单的词。将表达的场合进行细分，即想象你是在某个具体的场景里说这句话。

①说给小孩听，就会洋溢着美好的感觉。

②说给正值青春期的儿子听，好像会有些难以启齿，因为你们从来没有如此亲近过，所以就会显得有些尴尬。

③说给在电话另一头自己那年迈的父亲或母亲听。

④说给爱人听。

现在面对上面那人说："我讨厌你"。但是这句话实际上是想表达"我爱你"。传递的信息都一样，是不是？所以怎样措辞其实已经显得无关紧要了。你的意图能够得到充分且正确的表现才是最重要的。

(2)练习二

根据下列情境用相应的语气说："今天晚上要工作，我感到很开心"。

①你难以忍受你的老板。他似乎总在挑你刺。

②你和一个刚认识的、非常有意思的人约好吃晚饭，这个人也是你想有进一步发展的爱慕的对象，而且你对这次晚餐的约会期待已久。

③你没有什么其他的事情要忙，而且确实对新项目非常感兴趣。

④你虽对此心存强烈的不满，但却千方百计想谋求升职。

(3)练习三

现在自己随便说一个句子，说的时候表达出下列不同情感：

①憎恨；

②绝望；

③畏惧；

④热爱；

⑤漠不关心；

⑥兴趣盎然；

⑦假装关心；

⑧极度疲倦；

⑨怀恨在心；

⑩喜爱。

(4)练习四

你需要一位搭档帮助你完成下面的场景。首先布好景。地点是哪里，且为什么会选在这个地方？摆上几件必备的道具，如椅子、桌子等。

①你坐在一架从多伦多飞往纽约的飞机上，旁边坐着一位非常有魅力的人。你的目的是跟这个人当天晚上共进晚餐。你的性别将会决定你所采用的方法。一般来说，作为女士，其目标可能是希望被对方邀请一起吃晚饭；而作为男士，目的则是引起身旁女士与自己共

进晚餐的兴趣。你的搭档将决定是否愿意与你一块吃晚餐,这主要取决于你是否有足够的说服力。

②你正在一家餐厅吃午餐,在快吃完的时候,一位多年未见的老朋友走进餐厅坐了下来。他(她)想让你多待会儿,聊聊彼此的近况,而你却急着赶回去工作。较为强势的人将会说服另一个人,并将表达出内心真实的感受。

③今晚轮到你做饭了,但你非常厌恶这项任务。看看你能不能说服你的搭档替你把活儿干了。想想你能用上什么借口,或者通过其他方式回报搭档。同样的,如果你有足够强的说服力,你的搭档就会答应你;如果你说服不了对方,那你就没那么幸运了,最后还得乖乖去做饭。

10.3 肢体语言

当你走进有一群陌生人的房间,你会选择跟谁说话?你怎么才能知道哪些人会愿意友好地倾听你讲话?

我们要跟“面善”的人聊天。这些人通过他们的肢体语言来表现自己对你说话内容的兴趣。你到达的时候他们会转过身将身子倾斜至你的方向。他们追随着你的眼神,认真地看着你,手里攥着笔,准备随时记下各种评论或问题。他们微笑着鼓励你。这些都是“面善”之人——你演讲一开始就要找这些人说话。

正如你需要读懂观众的肢体语言一样,他们也会读懂你的肢体语言。你的肢体语言能够暗示出你内心所想的是不是正如你所说一般。他们能通过你的一系列小手势来判断你是否感到局促不安、准备不足、对自己缺乏自信。该部分的这些练习能帮助你在“舞台上”

自然地运用手势或其他肢体动作,这样你就能将你心目中想要打造的形象塑造出来了。

10.3.1 哑剧

哑剧是指不借助语言和道具,单纯用肢体语言和面部表情来模仿一个动作或表达一种感情的行为。任何人在没有经过正规培训的情况下都能做到。

这一部分的第一组练习主要是体会五种感官感受:味觉、触觉、嗅觉、视觉和听觉。你越是能透彻地了解这些感觉,你的表现就越灵活、越具有说服力。在接下来的练习中,你要开始加入感情了,不过五官的感受仍然是最重要的。

在练习每一出哑剧之前,都要回想一下在实际生活中你是如何感受的。想想某个东西的味道或气味,你最喜爱的小猫和花园里的砖石摸起来有什么不同,回忆你走进厨房闻到美味佳肴烹饪的香味,以及走到商业区的街道,一股恶臭扑面而来,夹杂着各种来路不明的气味,感受这两种情境下气味的不同。回想当你听到最喜欢的音乐时的愉悦,并将此与工厂震耳欲聋的汽笛声作比较。

(1)感官感觉

①从糖盒里拿出一块你最喜欢的巧克力。品尝它,然后吃掉。过一会儿,用哑剧手势表演同样的动作。试着回忆拿起巧克力,触摸包装纸,听到清脆的响声的情景。如果包装纸是箔制的,你要剥去这层箔纸。巧克力是半融化后黏糊糊的还是又硬又凉的状态?它里头是软的还是含有果仁又硬又凉的?你能品尝到它的味道吗?会不会感到牙齿陷进巧克力里?能不能感受到那诱人的巧克力从你的喉部慢慢滑下去?你能在牙龈、舌头和齿间回味巧克力糖的美味吗?如

果能的话,那你就做得非常到位了。重塑的这整个过程需要你的全神贯注。

②在表演喝咖啡或喝茶。不要仅仅只是随意端起一个想象中的杯子,也不去思索里面是什么东西就凑到嘴边。而是要用心去回想手里拿起一个真杯子的感受:感受杯子重量、杯内盛满的液体还有饮品的温度。小心翼翼地端到嘴边,抿一口,如果水很烫,感受它在你的嘴唇上的热度;再抿一口,体验它从你的喉部流淌下来的感觉。

如果有可能,经过一段时间的练习之后,就可以尝试着给小朋友们表演哑剧了。如果他们看到你形象逼真的表演之后表现出了对你的崇敬之情,那说明你的勤奋练习获得了很大的收获!①

(2)哑剧故事

将喝咖啡这个片段扩展成一个普通的吃早饭的哑剧情景,如你往常的早上。你是给你自己准备早餐,还是给全家人准备?请重现场景。你需要回忆碗橱在哪里,你要如何打开它,冰箱和炉子的位置在哪里,以及你要通过哪些动作来表演整个工序。准确地描述桌子、炉子及厨房工作台面的高度。这次的哑剧表演分为开始、中间和结尾三个部分。

提示:如果你老想着下一步该做什么,那表演肯定没有效果。你需要全身心投入进来;只有这样你的手才能自然地摆放在正确的高度、在正确的位置拿取东西,并且表演出东西实际的重量来。

(3)不同角度入手的故事

正如演讲者需要一个明确的观点一样,哑剧演员也要有自己的

① Claude Kipnis. *The Mime Book*[M]. Now York:Harper & Row,1974:41.

表演角度。重演一遍你做早餐的情景,不过这次加上了特定的条件。有一天早晨,你有一个重要的约会。不幸的是,闹钟没准时响,你睡过头了,但是显然空着肚子去赴约也不是办法。所以自然地,你必须加快做早餐的速度。看看接下来会发生什么。你可能会将橙汁洒出水罐,你有可能烧糊吐司,还有可能发现咖啡所剩无几了。最主要的是看看细节有怎样的变化。你的节奏变了,你的态度变了,你做早餐的每一个步骤都会有所变化。

现在试着换另一种情境来表演做早餐的情形。这一次是给一位特殊的客人准备早餐,这个人是你刚刚认识的新朋友,人非常不错。想到能为他(她)做早饭你就很激动。这次仍然侧重观察你的节奏、态度和动作有什么不同。

10.3.2 面具

取出一个纸袋子,在对应眼睛的位置剪两个洞,这样你便能从洞里看到外面。不用把嘴的部分剪出来,因为你不需要说话。把这个袋子套在脑袋上,这样你就没法通过脸部的表情来表达情感了。现在,你唯一能依赖的就是你的肢体语言。伟大的哑剧演员克劳德·基普尼(Claude Kipnis)写道:"……一个完全固定好的面具加上一成不变的表情能够更好地表现你的肢体动作。如果一个哑剧演员戴上了固定面具,他也就赋予了他(她)的身体生命和意义:同时也给了面具一丝生命力。"①现在,站到镜子面前,做下面的动作。

①推开一个想象的物体。这个东西沉重无比,如巨大的钢琴。表演出费力地把这架钢琴推到离原来位置5英尺远的地方。观察镜

---

① Claude Kipnis. *The Mime Book*[M]. New York:Harper & Row,1974:41.

子中你身体的每一个细节动作。如果你确实很投入地在“做”这个动作,最后你就会感到有点儿疲乏。

②现在把一个非常重的东西搬到头顶上,如一个装满书本的大纸板箱。你想把它放回到架子上。

③把一只重重的划艇拉上岸。海岸边都是石头和沙子,对船只产生了很大的摩擦力。

④暴风雨就要来了,孩子们还待在湖中的小船里。叫住他们,并通过手势唤他们进屋来。记住他们大概在半英里开外。

⑤你和一位朋友一起走进电影院,发现有一排座位里有两个空座位,但是并没有挨在一起。看看你能不能让旁边的人明白,你希望他们挪一挪让你和你的朋友坐到一起的想法。

⑥你住在一个人烟稀少、荒郊野外的房子里,一个人在看书。不巧的是,你正读到一个可怕的鬼故事。突然你感觉到有个鬼魂出现在你的房间里。你蜷缩在大大的扶手椅上,缩到不能再缩,恨不得让自己消失才好。

10.3.3　表达情感

在第八章里你简单练习了一边走一边表现不同的情绪:骄傲、愤怒、喜悦、郁闷以及恐惧。现在,再来表现一遍这些情绪,这一次设定不同的情景,情景中需要你坐着、站着、踱来踱去,以及走路(当然,一次只表演一种状态)。回忆一些与这些情绪相关的事情。然后重现当时的场景、气氛、人物以及你的反应。看看在这些情景中你走路、坐着、站着及踱来踱去的动作会跟正常的状态有怎样明显的不同。

10.3.4 动机的影响力

和戏剧表演界一样,在商业领域,动机也会影响你的行动和措辞。如果你想让人心悦诚服,你的行动就必须真实反映自己的意图。这是通过训练实现的。

(1)伺机而动

在下列这些练习中你将表演一位等待者。要想表演好这个角色,你需要知道这个人为什么要等待。他(她)的动机是什么?每当学生演员被叫上台表演等待这一幕时,通常效果都不太好。他们的表现都毫无新意,比如,他们会踱来踱去,一只脚不停地抖动或者反复敲击着手指。总体来说,他们感觉很不自在,观众也有同感。因为世界上并没有漫无目的的等待。人们通常是在某种具体情况下等候,他们的等待是有理由的。有说服力的演员总能为他们在台上的表演给出合理的解释。你也要能做到这一点。

①在医生办公室或牙医办公室等候。注意办公室里还有其他人。考虑一下自己关心的问题:你怕牙医吗?还是只怕吃药?你是过来做每年一次的医院体检吗?还是你犯了以前并没有犯过的疼痛病症?你对这次看病感到担忧吗?

在你开始表演之前把这些细节想清楚。脑海里设想好办公室的场景。人和物的位置都要很清楚:接待员、座位、旧杂志、检验室的门,以及其他候诊的患者,等等。

②在你最喜欢的餐厅等一位迟到的客户。同样,先把你周围环境的所有细节都设想好。确定客户最后是赶来了,还是打电话跟你解释未能按时赴约的原因。

③这一次你在医院的候诊室里。先确定好你旁边的人是将要进

行手术的病人还是病得不轻的患者。同样地,设计好周围环境。仔细观察身边的人和物,具体到每一个微小的细节,然后表演这场等候。

比较你在以上不同情况下的感受。看看不同情景下故事的节奏、气氛、你的心跳律动以及行为会有何不同。

(2)凸显自我个性

在本书的引言里我说过要将你的个性特点充分释放在演讲过程中,让演讲体现出独一无二的风格。要做到这一点,你必须善于表现自己的个性,在大家面前塑造出优雅而活泼的形象。

不同的人对于同一情况的反应不会是一模一样的,尽可能诚实地回答下列问题。联想相关的经历会对你的回答有所帮助。

①你怎么掩饰对某人的厌恶之情?

②你怎么样表现出激动不已的心情?

③你怎么表现对孩子的爱、对爱人的爱、对父母或朋友的爱、对同事的爱,

④你发火时是怎样表现的?你能抑制自己的怒气吗?还是点火就着?你是个特别难消气的人吗?

仔细考虑你在每种情形下的表现,然后按照下面的原则展开即兴发挥。这将让你的"表演"具有真正的独创性。

(3)即兴发挥

通过即兴发挥,你可以将本章所学的内容融会贯通起来,让你的表演具有很强的说服力。你的行为和语言之间的默契配合将胜过它们各自独立的表现。即兴发挥时,你要确定你想要表达的意思,然后搭配上最恰当的语言和动作。你并不需要提前把对话都想好了,也

不需要预测接下来会发生的事情。你只要确定好目标,剩下就是随着情境自由释放你的感觉。

根据下列练习的描述进行“情境表演”。

①你的心情极差。工作不顺利,没人欣赏你,无人理解你。全世界都站在你的对立面。你没有心情看电影,电视上一个好节目也没有,于是你决定邀请一位朋友一起吃晚饭。如果你喜欢做饭,就在家做饭;如果不喜欢做饭,就选择在任意一家或几家不错的饭店订餐,但是一定要有令人赏心悦目的食物和高级的红酒。你的朋友到了。你用鸡尾酒和餐前小吃招待了他(她),然后走到厨房去看看食物做好了没有。这时电话响了,是你的老板打来的。原来你刚刚得到了你原本以为你根本得不到的升职!表演这个场景。

②公司前景无望,你也寸步难行。你对未来一筹莫展。你是应该开始找一份新工作呢,还是跳到一个新的领域?突然,电话响了。是竞争对手公司的首席执行官打来的。你得到了一个梦寐以求的工作机会。你明白你肯定能胜任,只不过你需要这个机会罢了。设计好这个情景。你在哪里?你接到电话的时候和谁在一起?要表演出通电话时的感情及通完电话之后的感受来。

10.4 成功的关键

这一章里的练习能帮助你掌握多元的商务演讲所需的表演技巧。全部完成一遍之后,你可以再来一遍。每一次攻克一个练习中的各种问题,你都会收获不同的成果。

演员们通常会连着好几个月都做这样的练习,有时候练上数年,他们总是会回归到最基础的东西。你如果也像他们一样坚持练习,你会越来越成功的,你的个性会闪现在你的角色里,你还能够按照自己的风格,从容不迫但不乏激情地传达清楚你想传达的信息。

10.5 小结

①演讲者跟演员一样,需要在演讲中一心多用。通过进行改善专注力的训练能够提高这种技能。

②如果你想让演讲令人信服,就一定要清楚地传达语言背后的意图。

③哑剧训练能够有效帮助你形象地表现各种动作和手势,让你的肢体语言很好地表达你想传递的信息。

④从某种意义上来讲,演讲的本质是在表演一个角色。在表演的过程中,你必须把自己的个性融合进去,赋予表演独一无二的风格。这就要求你时刻记得展现自己真实的个性特征,让它凸显在你演讲的始终。

附 言:

训练方法

参考本书第二部分的多项练习设计一套简单的训练,目的是改善声音技巧、肢体表达及表演能力。过不了多久你便能做到每天在20分钟之内完成一整套练习了。设计练习时的侧重点在于攻克自己的弱项。比如,如果你觉得自己在辅音发音的清晰度上还要多下功夫,或者元音还不够浑厚、声调过于单一,那么就在你的练习法当中加入这方面训练的内容。

在进行所有的练习(包括声音和肢体的)时,要运用第9章的呼吸方法(从肋间、后背及腹部开始呼吸,而不是从胸腔开始呼吸)。至于肢体练习，放松时吸气、用力时呼气。练习开始前，检查身体是否如第 8 章里的所学那样挺拔。如果你对整套练习还不太熟悉，可以先反复练习每一个动作数次，再慢慢加快进度，并严格完成整套的常规练习。

不要忘了加进一些第 12 章里的表演技巧。如果你的时间充裕，而且能够充分享受克服这些表演练习的挑战和获得成功带来的纯粹乐趣时，就不要放弃了。抓紧时间，有规律地进行这些练习，让它们成为整套训练的一部分。你一定会有巨大的收获！

第三部分

致中国读者

第11章 中国演讲者面临的特殊挑战[①]

2011—2012年,我在中国农业大学国际学院教授传播与大众传媒的课程。在这期间,我采访了一些学生还有业界朋友,询问他们当时中国公众演讲所面临的挑战。结果他们的看法惊人地相似。本书译者指出,"中国公共演讲的传统有所缺失"。她在给我的来信中也提到,"多数中国人生性害羞内敛,所以很难克服怯场心理"。她还写道,"最近几十年里中国出色的演讲凤毛麟角。中国人害怕犯错,所以宁愿自己单独练习,也不愿意在家人、朋友或同事面前彩排"。

事实上,这个问题无论是在中国还是在西方国家都很普遍。大多数人都害怕在公共场合演讲时出错。举一个例子,我在北京的时候,每天一大早都会看到一些中国学生在中国农业大学的公园里"对着灌木丛说话",其实他们是在练习英语演讲或在背诵文学作品。但我从来没有看到过学生们结伴练习,也从来没见过任何人在小群的观众面前排练演讲。每当我向这些独行的学生投之以微笑,暗暗赞叹他们的勤奋刻苦之时,他们却全然不知,仿佛感觉不到我的存在一

---

① 本章由艾素珊(Arielle Emmett)专为本书中文版撰写。

般。他们的这种专注力可谓惊人,不过我想,他们应该并没有在同学或者能给他们指导和鼓励的老师面前排练过,那么他们在正式演讲时的表现又会如何呢?

我在北京教书的那段时间应邀做过几个大学英语演讲比赛的评委,选手主要是理科或工科的本科生。

令我欣慰的是,很多工科的半决赛选手都发音清晰、表现自信,能够用生动的例子和扣人心弦的故事讲解他们自己发明的作品。有一个争夺半决赛席位的选手声称他的"高楼清洗机"能够在十到十二层的高楼外墙上下挪动,在挑战地心引力的同时,用特殊的电力刷为北京的石头和混凝土去污除尘。他在进行描述的时候,似乎整个人都跟要离开地面而飘到空中。尽管该学生的英语不尽完美,但他那外向、富于表演的个性特点立刻吸引了观众。很显然,他非常喜爱自己的工程作品,也非常乐意分享与自己作品相关的故事。除此之外,他似乎还很享受来自观众的关注,他一直保持着和观众的眼神交流,并且在说到极具说服力的观点时或开怀大笑或微微一笑。与其说他是在发表一篇与发明作品有关的演讲,还不如说他是在探索自己的发明。他活力四射的表现、清晰的表达、充分的准备(幻灯片、模型、演讲结构和内容、手势)为他赢得了高分!

当然,那些在美国、加拿大、澳大利亚或者英国有过沉浸式英语学习体验的学生,在这些比赛或其他演讲比赛中都有着明显的优势。和那些把英文看作折磨人的怪音的学生相比,这些学生在语法和发音上更胜一筹。然而,在这些比赛中,有几个平时英文对话流利的大四中国学生在现场却表现逊色。为什么呢?他们的演讲太过仓促,毫无疑问,这是由于紧张所致。他们用的词句复杂而且文法不通，让连母语是英语的人（例如我）都感觉难以理解。这些学生如果能事先认真修改演讲稿、简化解释说明的成分，那么他们的演讲效果一定会更好一些。换句话说，他们应该在有限的时间里减少术语的使用，把精力集中在最重要的概念和辅助材料的解说上。

请记住：你不可能在一个限时五分钟的演讲里做得面面俱到。如果演讲冗长，还缺少明确的中心，演讲者就容易不知所云。有些人很少甚至不会和观众进行有意义的眼神交流，甚至还有人一直背对着观众逐字逐句念幻灯片的内容，这很明显是抹杀观众兴趣的做法。

另外，我发现这些比赛中大多数半决赛选手，其实比决赛选手还要出色。为什么会这样呢？我问了问自己。决赛选手是来自全国各地角逐奖项的选手。然而，有几个学生，尤其是女孩，在服装方面严重不得体，穿得很随意，跟应付普通彩排似的。在女选手中，有的穿着蓝色牛仔裤，有的素颜上阵，有的穿着皱巴巴的黑色运动休闲西装，很显然，这些都不是正式演讲场合该有的装束。有些人则在演讲过程中不停地拨开垂到脸部的几缕头发，这样的举动不但容易分散观众的注意力，而且还会影响到她们自己的发挥。当然，还有些参赛者由于对技术演示的部分缺少排练，结果出现了正式演讲时视频、音频、幻灯片或者活动模型无法正常运转的情况。有一位学生甚至用粗制滥造的玩具和硬纸管来演示新概念现代车车轴和车轮的组装过程。她把组装后的物品放在展示台上移动，结果东西四分五裂了，观众都不禁笑了（教训：在工科演示中使用粗制滥造的东西实在太低端了，让人无法不笑啊）。

我问了问自己，为什么比赛前半部分的半决赛选手反而显得更加胸有成竹呢?

我得出的唯一答案便是,决赛选手因为太过自负而影响了比赛的表现。半决赛选手为了争得一席之地而攒足了劲儿全力以赴(他们实际上是有"优势"的;焦灼紧张的状态反而有助于他们演讲的现场发挥)。我猜测决赛选手可能并没有反复排练演讲,他们自认为之前的表现就足以应付决赛了。有几个参赛选手忘了计算时间,所以最后都没讲完就被叫停了。有些选手的幻灯片里竟然还有英文拼写错误,还反复出现了性别和动词格方面的语法错误。另外,他们在比赛前的练习中可能缺乏老师的指导。比如,选手逐字逐句读幻灯片内容,并没有通过讲故事和补充解释等方式拓展内容,很显然,没人跟他们说过观众们自己就能看懂幻灯。

活动

在你正式上场演讲之前,仔细检查你是否完成了下列重要任务:

在正式面对一大群观众演讲之前,至少要在同事、老师或家人朋友面前练习过一次,最好是两次。这样能让你逐渐适应在观众面前演讲,并有效地减少你的紧张感。

放慢语速。排练时演讲的语速降到平常说话的一半,并认真练习缓慢地吐字。记住,你正式演讲时心里无数乱蹦的"小兔子"(紧张感)会加快演讲的节奏,但是,在通过练习把语速降下来之后,你便能把握好自己的演讲速度了。

在演讲稿中标出需要强调的地方,然后练习在所强调的词句之后做适当停顿或沉默。其目的在于让观众更好地消化你的观点。

为演讲进行严格计时。了解每一场演讲、辩论或抗辩精确的时间要求。如果你的演讲超时了，你可以问一下排练现场的观众演讲最强和最弱的部分分别是哪些，然后酌情压缩演讲内容。

修改并简化演讲稿，突出强调最重要的观点。记住，无论是简单还是复杂的话题，你都不可能在有限的时间里做到面面俱到。听众最多只能回忆起两三个主要观点。他们会更多地记住你的手势、问题或者逼真的模拟、演示。所以演讲一定要简单明了、表达清晰！

服装得体。如果是一场正式演讲，把自己打扮得正式一点。不要穿蓝色牛仔裤。穿上合身的外套、裙子或裤子。对于女士们来说，化些淡妆能更凸显你的五官，尤其在强烈的灯光下。而无论男士还是女士，都要注意保持头发整洁、亮泽，皮肤干净、健康。

注意个人卫生。如果需要去除痤疮，请咨询医生。头发要美观得体，不能遮挡脸部！

检查每一份视觉材料是否有语法或拼写错误。准备一本英文字典或语法书。最好能找到一位英语为母语的人士帮你检查幻灯片内容。

切忌逐字逐句朗读幻灯片内容！强调最重要的观点即可，并通过和观众的眼神交流、幽默感的运用，以及生动的故事叙述来保持观众的注意力。

准备B计划。演讲稿要内容清晰、结构严谨，即使视觉材料无法播放，它也能“独立完成任务”。准备好后备设备以及多余的存有演讲备份的U盘，如果你原定使用的设备崩溃了而你不得不使用别的设备时，它们便能作为补救。

请记住,如果得不到充分排练,你演讲的任何一方面,包括技术和语言等都很容易在正式演讲中出现问题,因为演讲时你会高度紧张,而且时间也很紧迫。技术问题一般都发生在演讲者缺少排练的情况下,演讲者可能对演讲环境有陌生感(灯光、观众位置以及视听设备),或者不得不使用不熟练的设备(如新电脑、新投射系统等)。所以,无论是亚洲还是西方国家的演讲者都需要准备一个“B计划”,以应对演讲中技术或者演示环节出现的突发故障。后备计划通常是准备一篇清晰且逻辑严谨、能脱离于视觉材料单独使用的演讲稿。如果有必要,你也可以在黑白板上简单、清楚地罗列数字或词句作为视觉素材。另一个方案就是准备一些视觉讲义发给每一位观众。还可以在思考或启动B计划邀请观众回答一些问题或者完成某些挑战(提示:带上自己的电脑和或投影仪,以及存有备份文件的U盘或只读光盘,这不失为一种应对主设备出现故障时的良策)。千万不要单纯地将视频或视听材料作为你主要的演讲内容。时刻记住,你才是演讲中真正的明星!

11.1 西方人如何演讲——优势与劣势

如果我告诉你,其实西方人也害怕在公共演讲中犯错,你会不会感到一丝欣慰?从文化的角度来看,西方人好像更习惯于在公共场合谈论和发表自己的观点,这一点能从西方国家新闻广播、电视真人秀、明星访谈节目、网络及电话对话、视频博客还有街头采访节目的数目看出来。然而,很多西方人士实际上是惧怕公众演讲的。胆怯、准备不足、不熟悉演讲形式和结构、缺乏在小部分观众面前的排练、忘记掐算演讲时间、着装不得体、不愿花时间纠正语法或视觉材料上的错误，所有这些，同样也是西方演讲人士面临的挑战。事实上，我的很多来自西方国家的学生在演讲中也会犯中国学生所犯的错误，而且有些西方人演讲时还会面临语调贫乏的问题。这是由地域文化引起的，很多美国人，尤其是中西部的美国人，习惯平稳、单调、乏味的说话方式，他们演讲跟平常对话一样，有时甚至隐藏或压抑情感的表达。当然，并不是说压抑情感的表达就一定是一件“坏事”。比如，一场危机过后，你要发表一场公众演说，主要目的也许是希望平静、理性地说服人们采取或者不采取某种行动。但是，为了达到这个目的，你并不需要让自己的声音听起来毫无生气或者语调贫乏。最优秀的演讲者会将声音打造成情感和理性完美结合的工具，并根据不同的情况和语境来分配两者的比例。所以说，卓越的演讲者不仅能够利用生动、多样的语调灵活地反映自己和他人的情感，同时，他们是不会在需要冷静、理智的时候让感情肆意泛滥于演讲之中的。

实际上，有些中国人在演讲时语调也不注意变化。因为他们担心感情过分表达，所以给自己带上了麻木的“面具”，观众看不到他们的真实面貌和内心世界（见下面的例子）。我一直都期待能看到、听到演讲者在演讲中更多地表达自己的感情，而不是封锁感情的大门。没有感情色彩的演讲首先是无聊的演讲。这样的演讲难以在演讲者和观众之间建立起和谐友好的关系；另外，一个演讲者如果演讲时不带任何情绪，心情或者语调毫无感情色彩，那么他（她）很难获得观众的信任。

然而，东方和西方国家有一个明显的区别，在西方文化里，从古希腊时代起便盛行政府和团体进行公开演讲和辩论。辩论不仅仅在少数精英人士中展开，同时也在特殊利益群体、某些宗教或种族群体中进行着。实际上，现在人们认为美国的国家政治演讲，正如生活中的谈话一样,是一个连续不断的争论、辩论和妨碍议事的过程。法院里有辩论;国会中也会有顽固不化的议员妨碍议事、阻碍有意义的立法通过。在电视节目和电台脱口秀节目中,主持人会展开辩论甚至进行人身攻击。

在当今社会,美国媒体和文化习俗中文明礼貌的流失使得普通的美国百姓习惯了轻慢、聒噪而偏执的演讲方式。比如,早在20世纪70年代,美国的电视台邀请了情景喜剧《全家福》(All in the Family)中人气颇高的演员阿尔奇·邦克,他以发表种族歧视的言论而著称,而这在从前的电视节目中是闻所未闻的。如今,美国有线电视到处都充斥着热播美剧《黑道家族》(The Sopranos)中满是粗口、行为粗暴的托尼·索普拉诺(由已故演员詹姆斯·甘多费尼饰演)的身影。这部剧讲述美籍意大利后裔黑帮暴徒不忠于妻子、寻求心理咨询,并在家族犯罪团伙和个人家庭生活之间寻找平衡点的故事。

美国青少年观众似乎很喜欢看电视真人秀,如《16岁大肚》(Sixteen and Pregnant)、《幸存者》(Survivor)和《泽西海岸》(Jersey Shore)。所有这些节目里的对话都是"无剧本"的(当然有很多是节目播出之前和制片人商量好的词),节目中还有大量人物的内心独白,自我揭发各种阴暗的行为:背后伤人、放荡混乱、无休止的诉说和抱怨、辱骂、偷盗、打斗以及伤害。在《16岁大肚》中,女孩们不得不面对意外怀孕以及没有丈夫共同担当的现实。这些节目不可避免地塑造了公共演讲和行为方面的"模范",而它们相较于五六十年前的情景喜剧《姜还是老的辣》(Father Knows Best)和《反斗小宝贝》(Leave it to Beaver)而言要粗俗得多,并且更加带有严重的亵渎意义。

虽然有些美国人,尤其是年轻人,可能会在日常生活中模仿这些粗俗的语言,但是,也有其他人会去寻找高尚而启人心智的演讲素材。比如,奥巴马总统和他的夫人米歇尔·奥巴马那激动人心的演讲,前纽约州州长马里奥·科莫鼓舞人心的公众讲话,或者已故民权领袖马丁·路德·金和约翰·F. 肯尼迪总统的演讲。现在,我们也能看到公众演讲者用一种更具美国南部乡村风情、更接地气的风格演讲,这种风格也非常有效。比如超凡的外交和政治领袖、前国务卿希拉里·克林顿,以及马萨诸塞州参议员伊丽莎白·沃伦。沃伦曾经是消费者金融保护局局长,如今带领着美国公民反对强权的美国银行、游说团体以及其他既得利益群体。

由于欧美人士比较喜欢在开放的社会环境中发表自由言论,所以他们都能畅所欲言。然而,鉴于目前政治“抨击”和胡诌的趋势,以及越来越多不合实情、断章取义的报道的现状,一部分西方人现在感觉能够从公众演讲者那里得到的真正有价值的东西已经不多了。也许随着互联网的开放和移动媒体的普及,美国社会会变得更加“自由”,并日益创造出让人更加畅所欲言的氛围。但是,人们也许会担心,大家忽视了西方教育和机遇出现的与日俱增的鸿沟,因为人们更热衷于公开的政治“争论”和尖酸刻薄的“喧哗”。很多领导者相互厮杀,似乎并没有协力合作解决政治问题的诚意,也不愿为改善民生而共同努力。于是,美国的演讲词风格可以说并没有像之前几代的演讲那样振奋人心了。

11.2 来自传统的挑战——中国和西方

任何一个国家的公共演讲者都面临着这样一个挑战:他们喜欢模仿前辈的演讲结构和风格。这一点在中国也不例外。

很多时候,听众要靠自己去揭开演讲者的“面具”,去了解他(她)真实的秉性,探究真相的蛛丝马迹(即“不为所知的故事”)。中国人通常会通过阅读报纸、关注博客、与人聊天或共同探讨等方式达到这个目的,同时,他们也会通过仔细观察演讲者的表情来获得更多信息。比如,他们可能注意到国家或省级电视节目上某一位演讲者眼睛或额头所表现出来的紧张:眉头紧锁、扮鬼脸或勉强微笑、下巴僵硬、假惺惺的大笑或者毫无感情、如机器人般的声音。很多时候,观众(即使是那些没有接受过正规教育和培训的人)也能洞察演讲者的心思,并了解他们与观众共鸣的程度,以及演讲者的“虚假系数”,即遇到难题时“躲闪”事实或含糊其辞的倾向。所以,演讲者在观众面前展现真实的自己,坚持自己的道德立场,其实是对自己有利无害的。人们并非总是期待演讲者和他们的观点一致,他们发自内心地尊敬、欣赏那些能够真诚、认真倾听他人并进行积极沟通的演讲者。

中国和西方国家公众演讲确实还存在历史和文化的差异。李高翔是我见过的历史和经济学专业学生中最有见识的学生之一。他指出:“和源自古希腊文化、政体的西方演讲流派相比,中国在公众演讲方面的理念大相径庭。”在希腊,争辩和演讲的发展实际上是雄辩术的发展,即口头的论述,其目的在于通过语言阐明观点。所有这些都是被古代圣贤所推崇的。① 雄辩术同时也是希腊一种对于真实的辩证探索,力求收获符合逻辑和自然哲学的结论。这些演讲家通过口头辩论,通常以对立的观点来探究艰涩的哲学问题。比如,生命的意义是什么?物质是由什么组成的?爱是什么?应该如何管理人类?

---

① T. W. 班森和 M. H. 普罗瑟(Benson, T. W. , & Prosser. M. H.)(编辑)(1972年)。《古典修辞学读物》(*Readings in Classical Rhetoric*)。出版社:Indian University Press,印第安纳州布鲁明顿市。

何时、何种情况下一个城邦才应当诉诸战争?《荷马史诗》的《伊利亚特》和《奥德赛》探讨了这些问题。同样深入思考了这些问题的还有埃斯库罗斯的戏剧、柏拉图的对话(尤其是《高尔吉亚篇》)、亚里士多德的《修辞学》,以及沿袭希腊传统、运用公众演讲术打下罗马法律基础的罗马人民所创造的文学作品。所有这些传统对于西方演讲风格的发展都起到了举足轻重的作用。说服与启发是处在竞争关系的领导人获得民众对他们政策和抱负支持的两种方法。①

如今,中国的演讲,尤其是在公共论坛和电视上的演讲,已经发生了翻天覆地的变化。有一个原因可能是电影电视中对西方思想和演讲风格的宣扬已经深入中国媒体文化。比如,中国最大的私立教育机构新东方教育科技集团 CEO 兼创始人俞敏洪的演讲就带有西式的亲和力、魅力和即兴发挥。俞敏洪不但会说两种语言,而且他讲述故事的风格机敏锐利,他还不忘进行充分的眼神交流(经常和电视镜头进行眼神交流),而与此大相径庭的是,他温和的说话方式透露出他无比谦卑的品格。他的很多励志演讲都是鼓励中国的年轻人不放弃对英语的学习。俞敏洪动情讲述他自己参加高考的痛苦挣扎。他通过讲述故事来说明他是如何在北大毕业后通过不懈的坚持、在家人的支持下开始创业并最终走向成功的。

另一位我佩服的现代中国演讲者是柴静,她是一位年轻的电视记者,也算得上是当今中国最具勇气和洞察力的电视广播工作者之

---

① 然而,亚里士多德聪明地指出:"雄辩术……是很有用的,它的作用并不在于说服别人,而是用来寻求不同情况下说服别人的不同途径"[Benson & Prosser,1972 年,《古典修辞学读物》(*Readings in Classical Rhetoric*)第 56 页]。也就是说,雄辩术主要是用来分析"现实世界"的具体形势和情况的。它是和公众演讲的表现相连的,即雄辩术的美与力量。它并非是上天或某个皇帝、国王钦定的所谓真意,而是由人们(大多数受到过高等教育且家庭富裕)在民主的论坛上通过争论、辩驳、质疑、挑战彼此而得来的可信的"事实"。

一。柴静的演讲略带忧伤，她的声音柔和，本人不苟言笑。她的演讲，乃至报道的风格，都没有传统意义上“表演”的夸张，然而她的语调却温婉动人。她中肯客观，对一件又一件的事件娓娓道来，她是一位有远见的智慧之人。她恪守记者的本职，让事实说话。你很难读懂她的面部表情；有点像是在自省，严肃而认真。据本书译者观察，“她的语言和所述的事实都充满了力量，她见解深刻、一针见血”。据张帅称，“柴静的演讲真诚而温和，她从不去评判什么，但却有着明晰的立场”。她娓娓道来的叙事风格和组织事实的强大能力，让她比职场上的其他记者更能揭示中国社会问题的本质。

在中国，跟其他演讲家风格反差最大的一位可能就是励志演讲家刘一秒，他以干脆利落的演讲风格进行企业成功培训而著称。刘一秒和俞敏洪在演讲风格上相差甚远。俞敏洪的演讲风格十分温和，但是却悄然透露着自信；刘一秒的演讲则锋芒毕露、快人快语。刘一秒曾经只是深圳一个不起眼的销售员，2002 年去美国学习了励志演讲学，现在以天价培训中国企业成功之道。刘一秒在演讲中喜欢时不时停下来，向观众发出快速指示或反问观众一些问题，时刻让观众保持高度注意力，跟着他的指示进行各种活动，如“你们做这个动作”“跟我一起来”等。由于他语速过快，且声音特别刺耳，有些语言纯化论者便批评他的普通话非常不标准。尽管如此，他还是能有效地说服听众，让他们纷纷效仿，所以刘一秒能成为中国最优秀的商人和最“贵”的公众演讲家之一，也就不足为奇了。他和俞敏洪、柴静等其他演讲者的演讲都说明了独创性、能量和个人魅力对于演讲成功的重要性绝不亚于优秀的演讲稿、口音、发音、语法和不俗的用词。

这对于你们这些志存高远的演讲者来说是个好消息。现在请阅读下一章，看看如何避免中国演讲者最常犯的英文错误。我们还会谈到如何让你的演讲更加犀利、更有说服力、更有意思。另外接着再做一些新的练习,你一定会收获更多进步的。

11.3 小结

①中国的演讲者为了克服羞怯和紧张,在面对一大群观众发表正式演讲之前,可以先在一小群人面前进行练习,这些人可以是支持你的家人、朋友,或同学。

②演讲,尤其是有严格时间限制的演讲,如果想要获得成功,一定要记得在排练时控制好时间。

③练习降低演讲的语速。在正式演讲中你会因为紧张而不自觉地加快语速。为了让演讲内容更加明了,且听众心悦诚服,记得将强调、停顿和沉默的部分标注出来。

④认真编辑、简化复杂的材料,取其精髓,留下关键要点,这样演讲才能给人留下更为深刻的印象。

⑤正式演讲时要着装得体,保持干净整洁。千万不要衣着随意。演讲要做万全准备。

⑥检查你的视听材料如幻灯片,看其中有没有语法和拼写错误。仅把幻灯片当作辅助材料;不要逐字逐句朗读幻灯片内容,除非你想表达一个非常重要的观点。

⑦最优秀的演讲者会把声音作为传达感情、表述逻辑思维的工具,会根据不同的形势和情况分配感情和逻辑的分量。要大胆地在演讲中运用生动、多样的语调。

⑧中西方文化的差异导致了演讲风格的迥异。最重要的是,要找到一种对你和观众最为奏效的风格!

第12章　中国人英语演讲的语法、惯用法和文章构架[①]

我有一位在德雷塞尔大学的同事，经常在基础和高级公共演讲课上教授亚洲学生。我请他谈谈这些英语非母语的学生最常见的问题有哪些，他提到了以下几个。

(1)定冠词和不定冠词。英语为非母语的学生，尤其是中国学生，对于何时以及如何使用英语中称之为"冠词"的这一类词，包括"the""a"和"an"，比较有困难。

(2)单数名词和复数名词。中文中大多数名词不分单复数；中文为母语的人能够根据语境区分单数主语和复数主语，然而，他们中很多人在学习英文时却常常弄混名词的单复数。

(3)名词和动词单复数一致的问题。英文的单复数让很多国际学生头疼，特别是中国学生，他们常常会忘记保持动词和主语单复数的一致。

(4)代词和先行词一致的问题。西方人和中国人通常会在代词，比如"he(他)""she(她)""it(它)"和"they(他们)"，以及所有格代词"his(他的)""her(她的)"和"their(他们的)"与"先行的"(之前的)句子名词/主语一致的问题上出现错误。于是，便会有演讲者犯

---

① 本章由艾素珊(Arielle Emmett)著。

诸如“Every dog(先行词)in that kennel has received their(所有格代词)shots(那个狗舍的每一只狗都接受了疫苗注射)”这一类的错误[正确的句子应该是“Every dog(‘dog’的单数形式)in that kennel has received its shots.”]。

(5)区分性别词:he/she(他/她)、him/her(他/她)。在汉语中,这个词发音是“tā”,既表示“他”也表示“她”,所以有些中国人在英语演讲中很难正确区分“he(他)”和“she(她)”。

(6)辅音和词尾变弱。英语中辅音属于“用力的声音”,如“p”“t”“h”“k”“f”“s”“m”“n”“l”,还有辅音组合“ch”“sh”“th”“zh”也是。所有这些辅音都是气流在口腔中受阻而形成的,而元音的发音则需要气流在口腔中的自由流动(“a”“e”“i”“o”“u”)。然而,很多国际学生在公共演讲的强压环境下辅音发音会变弱或发得很模糊。还有一个问题,很多元音和辅音组合而成的多音节词跟“绕口令”似的,让有些中国学生难以驾驭。

(7)介词的弱化或误用。在英文中,诸如“of(……的)”“to(向;给)”“from(来自)”“in(在……里)”“on(在……之上)”“at(在)”“by(经由)”“across(横过;穿过)”“before(在……之前)”“after(在……之后)”“beneath(在……之下)”“since(自从)”“among(在……之中)”等很多的介词(英语中有大约150个介词!)用来给事物和各种关系做时间和空间上的定位。中文里介词不多,通常通过特别的或者单独的词群可以找到它们。大家对于英文介词的使用常常会感到困惑。

(8)被动语态的滥用。科学论文中经常会用到被动句子结构,但是在演讲中,被动句子通常会显得很笨拙,而且会削弱观点的分量。典型的被动句是将主语和宾语的位置调换过来。比如,“The jobs report was presented by the Committee(就业报告由委员会发表了)”,在这句话中,真正的主语是“The Committee(委员会)”,宾语是“the jobs report(就业报告)”。这句话更为直接的表达如下,“The Committee presented the jobs report(委员会做了就业报告)”。下文对这方面做了更为详细的探讨。

(9)结构和非合理推论。很多中国学生在准备演讲时,直接从一个要点跳到另一个要点,中间没有自然的过渡。出现这样的问题,原因之一便是他们想当然地认为听众比自己还熟悉上下文。所以,一篇演讲可能会让人感觉杂乱无章,演讲者会给出很多不合理的推论(无意义且不合逻辑的过渡),削弱论证的力量,而好的论证应当从开场的主题开始便进行符合逻辑的自然过渡。

当然,非英语国家人士在学习英语方面还面临很多其他挑战。不过,这一章我们主要讲解他们最常犯的语法和惯用法的错误,并针对如何克服问题给出建议和各种练习。另外,我们会提出一些实用的建议,教你通过各种笔记和提示性的“线索卡”更加轻松地组织演讲内容,让你的演讲更出色。

12.1 常见语法和构成法错误

惧怕困难和挫折的人是学不好英文语法和句子构成法的。这门语言很复杂,它的语法规则也不简单。所以,每一个英语为母语的人,以及每一个学习演讲的国际学生,都应当购买一本综合英语语法指南,这样在遇到棘手的句子结构和词性时便可以随手查阅了。

虽然很多网络上的语法指南十分有用,但是大多数并不完整;有一些甚至出自压根没受过正规语法培训的“砖家”之手。如果你确实需要通过网站查阅英文,那么就找那些为国际学生发布了英文指南的大学网站。我还推荐《普伦蒂斯·霍尔写作手册》(*The Prentice Hall Handbook for Writers*)(第12版,1994),或者不同版本的《李特:布朗英文写作手册》(*The Little Brown Handbook*)①或《李特:布朗英文写作手册》(*The Little Brown Compact Handbook*)。这些书的早期版本和较新的版本一样实用(尽管英文口语用法在不断变化,但是标准的英文语法每年变化并不大),它们的早期版本在Amazon. com、美国帮诺书店或其他售书网站上均以极低的特价出售!

另一个能让人受益匪浅的系列书籍是大卫·邦顿的《香港常见英文错误》(*Common English Errors in Hong Kong*),分初级和高级版(由香港培生/朗文和澳大利亚企鹅出版集团出版;另请见:www. davidbunton. com)。邦顿博士曾是香港大学应用语言学与英语语言教育的副教授,他针对中国人写作和口语方面常见的语法和惯用法错误编纂了手册,趣味性强且通俗易懂。他的每一本书都提供了500个例子,是他数十年来利用在香港以及亚太其他地区教学和担任顾问时的经验所汇编而成的错误和纠错的大集合。

下面我们来回顾一下在美国的中国学生常犯的错误。

(1)定冠词和不定冠词

我们之前提到过,中国人对于何时以及如何使用"the""a"和"an"这些冠词是有困难的。这些冠词是"名词的记号",因为它们总是意味着名词将尾随出现。

①定冠词"the"表示一个具体的名词或事物(例如,"the man",

---

① H. R. 福勒和J. E. 亚伦(Fowler, H. R. , & Aaron, J. E.)(1989年)。《李特:布朗英文写作手册》(*The Little Brown Handbook*)(第四版)。出版社:Scott, Foresman & Company,伊利诺伊州格伦维尤市。

特指在那儿的"that specific man")。当读者或者听众知道所说的事物(名词)是什么的时候(比如,"The house we visited is beautiful"),名词前要用定冠词。

②相反地,不定冠词"a"和元音前的"an"(比如,"an apple""an umbrella")暗示很多同类中的某一个(即,"a man"),或者"any man"("a man"没有"the man"具体)。有些语法书认为,如果读者不熟悉所提及的事物,那么就要用到不定冠词修饰名词(比如,"I want to find a beautiful house",暗示"I want any beautiful house I can find")。

③因为中文里没有英文冠词的对应词,所以中国人有时便会在日常英语语句中忽略掉冠词。例如,他们会说"I like movie",而不是"I like the movies",或者"I go to store now",而不是"I'm going to the store now"。

(2)单数名词和复数名词

中文里名词并没有单复数形式,所以中国人通过语境来分辨主语的单复数。比如,"one little dog"的意思是"一只小狗",但是在中文里狗没有复数形式。毫无不夸张地说,如果要表达一只以上的狗,中国学生可能会说"many small dog"。所以,英语为非母语的中国演讲者常常会忘记给名词变复数,从而说出一些奇怪的表达来,比如"we have two dog"。

(3)主谓单复数一致的问题

英语的单复数难倒了很多国际学生,但是在主谓单复数一致这个问题上,恐怕没有哪个国家的学生比中国学生更头疼的了,因为中文中主语和谓语动词单复数的搭配系统要简单很多。

下面是一些"一致问题"方面的基本规则。

①主谓在数和人称上要一致。

例句:"Arielle often speaks up in class."(Arielle 是单数,英文动词正确的单数形式是"speaks"。)英语中很多动词在名词是单数的情况下后面会加上"s"。

例句:"Although we understand the tour guide, we still dislike his loudness."(主语和谓语动词都是第一人称复数形式。)

②第三人称单数主语的谓语动词要以"s"或"es"结尾。大多数名词变复数时结尾都要加上"s"或"es"。

例句:"The girl eats."(单数)"The bird flies."(单数)

"The girls eat."(复数)"The birds fly."(复数)

③主语和谓语动词之间插入了其他词时,仍要保持语意一致。经常有人将谓语动词和与它离得最近的名词,而非句子真正的主语保持一致,于是就出现了语意不一致的问题。

例句:"The profits(复数主语)earned by the electronics industry are(复数谓语动词)high."(电子工业的利润很高。)

例句:"The President(单数主语), along with his assistants, has(单数动词)agreed to visit Moscow."(总统和他的助手们同意访问莫斯科。)

④如果主语的各部分共同表达一层意思或者指一个人或一件事,它们的谓语动词应用单数。

例句:"Bacon, lettuce and tomato is my favorite sandwich."(单数)(培根、生菜和西红柿是我最喜欢的三明治。)

例句:"The winner and champion is receiving his prize."(单数)

(这位获奖者、冠军选手正在领奖。)

⑤复数名词表达单数意义时用单数动词。

例句:"Mathematics is my favorite subject."(单数主谓一致;"mathematics"虽然是复数,但其实是单数主语)。

例句:"Four years is a long time to study."(单数)

活动一:让主谓人称和数一致

修改下列句子中的动词形式(斜体),使其与句子主语(粗体)在数上一致。如果单复数已经是一致的了,就将句子圈出来。有时一个句子可能包含多个主语和动词。(答案在本章末)

1. Reduced Stress in corporations reduce illness and absenteeism. (公司减压有助于减少员工疾病和矿工的现象。)

2. In the corporate workshop, each of the participants practice making the others laugh. (在这次企业培训中,每一位参与者都要练习如何逗乐别人。)

3. Negative comments in public is uncommon among business managers, the consultant said. (业务经理通常不会当众给出消极的评价,顾问说道。)

4. When employees or managers regularly posts cartoons on the bulletin board, office spirit usually pick up. (职员和经理会定期在告示牌上出一些卡通公告,经常鼓舞着办公室员工的士气。)

5. Emmett & Associates are a consulting firm that try to make business people laugh. (Emmett & Associates 是一个给商务人士带去欢乐的咨询公司。)

---

(4)区分性别词

he/she(他/她)、him/her(他/她)

这个问题是避免不了的。中国人需要下功夫反复练习"he(他)"和"she(她)",用对这两个简单代词的性别。我们之前提到过,汉语中同一个音"tā"("他"或者"她")既指"he(他)"又指"she(她)",所以一些中国人很难正确分辨英文中的"he(他)"和"she

(她)”。但是,如果不区分好这两者只会徒增尴尬。

例句:“When the mother came into the bedroom, she was singing softly.”(妈妈走进卧室的时候,她轻轻地唱着歌。)

例句:“The boss told us that he was leaving work early on Friday.”(老板通知我们他星期五会早一点下班。)

(5)辅音和词尾变弱

我们之前说过,英文中辅音是“用力的声音”,因为它要求气流在口腔中受到阻碍(注意:a、e、i、o、u 这些元音则是通过空气的自由流动而形成的)。

①辅音的例子包括:“p”,需要用到双唇;“t”,需要舌尖抵到牙齿上;“h”,声音在喉部发出;以及“k”,需要用到舌头的背面。“F”和“s”也是辅音,是通过迫使空气从口腔中的狭窄通道流出而形成;辅音“m”和“n”则是空气从鼻腔流过形成的。

②中国学生尤其难分辨“l”和“r”;有些人会把“rike(耙子)”和“rice(米)”误读成“lake(湖)”和“lice(虱子)”。中国南方人对于分辨“l”和“n”也有一定困难。类似于“hill(小山)”或“fell(砍伐)”“rake(耙子)”或“lake(湖)”这些词的词尾辅音也许也是种挑战,因为这种音在中文中很少见。

③英文字母表中辅音字母要少于辅音发音,语言学家列举出了字母“组合”来说明其他不同的辅音发音,如“ch”“sh”“th”“zh”。这些发音和汉语中的,“chī(吃)”“shí(时)”“zhī(知)”发音有相似之处(注意:中文里没有和英文辅音“th”类似的发音)。

④一般来说,中国北方人在发这些“h”音上比易把“chi”“shi”“zhi”发成“ci”“si”“zi”的南方人更有优势。然而,对于所有中国人来说,练好这些辅音,不弱化辅音和复杂英文词的词尾,这都是至关

重要的。

⑤下面举一个真实的例子。我的同事、德雷克赛尔大学的讲师理查德·鲁道夫注意到有一位中国学生在演讲时不断提到“re-per”。这位学生反复说起这个词但没有人知道她到底在说什么。原来,她是想说“red purse(红色的钱包)”。千万不要犯同样的错误!

(6)介词的弱化或误用

在英语中,介词包括常用的“of(……的)”“to(向;给)”“from(来自)”“in(在……里)”“on(在……之上)”“at(在)”“by(经由)”“across(横过;穿过)”“before(在……之前)”“after(在……之后)”“beneath(在……之下)”“since(自从)”“among(在……之中)”以及很多其他介词。英文中有大约150个介词,它们用来在句子中给事物和各种关系在时间和空间上定位。

①然而,中文里介词不多,通常通过特别的或者单独的词群可以找到介词。比如,“on the outside”意思是“在外面”,“在”是定位的介词,表示“on(在……上)”或者“in(在……里)”等,而“外面”用来表示“outside”。想一想中文介词“在……之中(among)”,举一个简单的例子:“在所有家庭成员中,他年纪最小”。

②因为中文介词的使用相对来说更为简单、清楚,所以中国人还很难在英语句子中使用正确的介词,他们常删掉或忘记使用介词,比如:

“Thank you for your interested in applying the captions position in our Company.”(感谢您有意向应聘我们公司列出的职位。)

事实上,这句话正确的形式应该是:

“Thank you for your interest in applying for the captioned position in our company.”(感谢您有意向应聘我们公司列出的职位。)

提示:学习英语介词的使用是无捷径可走的,只有通过阅读、模仿优秀的文章和演讲才能学会介词的正确使用。如果你和英语为母语的人士对话,那么要勤问问题。拿不准该用哪个介词、性别词,或者不知道到底是用单数还是复数时,不要犹豫,主动寻求帮助。

活动二:介词练习

无论是阅读还是朗读,这都是一项非常不错的练习。要读懂练习里的每一类介词;遇到不懂的,查找英汉字典或者询问英语为母语的人士。

You can sit before the desk (or in front of the desk). The professor can sit on the desk (when he's being informal) or behind the desk, and then his feet are under the desk or beneath the desk. He can stand behind the desk (meaning next to the desk), before the desk, between the desk and you, or even on the desk (if he's really strange). If he's clumsy ,he can bump into the desk or try to walk through the desk (and stuff would fall off the desk).

Passing his hands over the desk or resting his elbows upon the desk, he often looks across the desk and speaks of the desk or concerning the desk as if there were nothing else like the desk. Because he thinks of nothing except the desk ,sometimes you wonder about the desk,what's in the desk , what he paid for the desk , and if he could live without the desk. You can walk toward the desk, to the desk, around the desk, by the desk,and even past the desk while he sits at the desk or leans against the desk

你可以坐在书桌前(或书桌前面)。教授可以坐在书桌上面(他不太正式的时候)或者坐在书桌后面,那么他的脚便放在桌子下面。他可以站在书桌旁边(也就是挨着书桌)、书桌前面、书桌和你们之间,或是甚至站在书桌上面(如果他是个非常奇怪的人的话)。如果他是个行动笨拙的人,那他可能会撞到桌子或者试着从桌子旁走过(把桌上的东西碰下来)。

他的双手拂过桌面,或者他把里两个手肘搁在桌上,他经常看着书桌对面,经常说起这张桌子,或者谈到关于它的话题,似乎这桌子是他的全部。因为他除了这张桌子其他什么都不想,所以有时候你不禁会对这桌子产生好奇,它里面有什么?他花了多少钱买来的?他没了这张桌子还能活吗?他坐在书桌旁或者倚靠着书桌的时候,你可以朝着桌子走过去,围着它绕圈,靠近它,甚至从旁边走过。

(资料来源:http://grammar. ccc. comment. edu/grammar/prepositions. htm)

(7)区分代词和先行词

句子中的代词必须和先行词(一种花哨的称法,即代词真正所指的主语)在人称(单数或复数)和数上取得一致。这和英语中主谓单复一致问题非常相似。以下是例句:

例句:“Every cat in the kennel has received its shots(猫舍里的每一只猫都打了疫苗).”[“Cat(猫)”是单数所有格代词“its(它的)”的先行词]。

例句:“Having received their tax bills, the neighborhood home owners worried about payment(附近小区的业主们收到了税单,但却发愁税单的支付问题).”[“Home owners(业主)”是主句的主语,也是复数先行词,所以是“they receive their tax bills(他们收到了税单)”]。

英语非限定代词“each(每个)”“every(每个)”“no one(没有人)”“one(一个)”都是单数形式,比如,“each of the girls likes her teacher(每一个女孩子都喜欢她的老师)”。但是,如果先行词的各部分用“or(或者)”或者“nor(也不)”连接,代词就必须要跟离得最近的先行词保持一致。比如:

例句:Arielle or Trista should have raised her hand.

例句:Either the cat or the dogs will have to be returned to the shop they came from.

最后,集合名词(先行词),比如“army(军队)”“committee(委员会)”“family(家庭)”或“team(队;组)”虽然是单数形式,但是也有可能用单数或复数代词指代,主要取决于它们表示的是什么意思。这是个比较棘手的问题。你把一个群体当作一个整体时,也就是所有成员看作一体时,代词要用单数。比如,“The team voted to disband itself.”。

但是,如果是指一个群体中的各个成员,则必须用复数代词。例如:

"The old group have gone their separate ways."

"The audience arose quietly from their seats."

活动三:修改代词和先行词使其人称和数一致

修改下列句子,使代词和先行词一致。如果代词和先行词已经是一致的,就把句子圈出来。(注:答案在本章末)

1. Each of the Cray's kids brought their laundry home at Christmas.(格雷的每一个孩子都在圣诞节把脏衣服带回家洗。)

2. Another debated issue is whether the child's emotional development or their intellectual development is more central.(另一个有争议的话题是究竟应该更重视这个孩子的情感发展还是他的智力发展。)

3. Neither the press nor scholarly journals devote much of their space to the wholeness of the child.(出版社和学术期刊很少刊登有关孩子身心健康的文章。)

4. Everyone on the team had their own locker.(团队里的每个人都有自己的储物柜。)

5. Almost any child will quickly astound observers with their capabilities.(几乎每一个孩子都能很快显露出惊人的才能。)

(8)被动语态的误用

广告和演讲一样,我们经常开玩笑说:"傻瓜,少即是多。"当然,这不是说你或者你的观众傻。其实它的意思是,听众对于简洁、直接以及切中要点的演讲反应要更强烈一些。所以,以下几点是你需要考虑的。

①在演讲中尽可能地使用主动动词以及主动语态。也就是说,在含有"及物动词",即直接跟宾语的动词的句子中[例如:"Trista(主语)translates(及物动词)the book(宾语)."],通过"主-谓-宾"的结构保持句子的分量。

②如果你需要使用被动语态,你可以说:"The book is translated by Trista"。这种情况下,你调换了主语和宾语的位置,重点强调宾语

[“book(书)”]而非真正的主语“Trista(特丽斯塔)”。

③在另外一些情况里,宾语比主语更为重要,或者主语无从得知。比如,“The house was flooded”。这其实是个被动句结构,因为我们并不知道是什么导致了洪水,所以句子真正的“动作发出者”(主语)是缺失的;这里只有一个宾语[“the house(房子)”]和一个谓语/动词组合[“was flooded(遭遇洪灾)”]。

④被动语态通常由“is”或“was”[动词“to be(是)”的形式]后跟另一个动词[如“flooded(遭遇洪灾)”]构成。如此一来,“The house was flooded”完全能成为一个完整的句子。

⑤当然,如果你知道是什么导致了洪灾,你可以把句子改为“Winds and torrential rains(主语)flooded(动词)the house(宾语)”,这样一来句子更加具有“主动性”和力量了。这里的底线是,你要在组织句子时自己要学会判断,尽可能让句子简洁、切题、具有主动性。

提示:下面是一个啰唆的被动语态例句,请将其改为主动语态。

“The speech was received by the Committee but the speaker was drowned out by angry cat calls as members were bothered by the excessive verbiage which was unable to pinpoint the problem.”(演讲已经被委员会听过了,但是演讲者的声音被委员会成员怒气冲冲的倒彩声淹没了,因为成员们快被那些根本说明不了问题的连篇废话烦死了。)

下面这个例句是更为紧凑的主动语态形式,它去除了多余的词。注意,为了简洁起见,我把原句分成了两句:

“The Committee members’ angry cat calls drowned out the speaker. His wordi-ness masked the problem and bothered everyone.”(委员会成员愤怒的倒彩淹没了演讲者的声音。他啰唆极了,完全说明不了问题,让大家很烦。)

(9)结构和非合理推论

很多中国学生在准备演讲时,直接从一个要点跳到另一个要点,中间没有自然过渡,所以演讲可能会给人杂乱无章的感觉。演讲者可能会产生很多不合理的推论(无意义且不合逻辑的过渡),削弱论证的力量;而好的论证应当从开场的主题进行符合逻辑的自然过渡。

怎样才能写出一篇条理分明、结构严谨的演讲稿呢?首先,仔细研究第一章和第二章,学习如何建立演讲大纲。然后,听听网上的英文演讲,并阅读本书最后面的演讲范文(第180页)。要知道,英语为母语的人(听说都为英语的人)不会将毫不相干、逻辑混乱的部分任意拼凑成一篇演讲的。因为英语这门语言是从一般、抽象的观点和前提自然过渡到具体的事例的,所以你必须在整篇演讲中衔接好各个要点、例子、段落和句子。

①如果你英语不是特别流利,那么你可以先用中文写出初稿,至少把主要观点写出来。把思路理清,选好辅助材料(论证、数据、逸事等)、注意过渡。然后,一旦你把思路和结构理顺了,再用英语重新写一遍演讲稿。

②不要想当然地认为听众熟知你演讲内容的背景或语境。在中国,很多演讲都需要听众有相关的历史和文化背景知识。但是在西方国家,大多数人想法更加贴近现实生活。所以,你必须说明主题和目标,给出专有名词的定义(对观众可能不太熟悉的词做简要解释),并提供相关的历史背景。

③最重要的是,你必须用"基本评估测试"模式(第一章中的"基本评估测试")让观点有理有据。记住,演讲中的所有要点都要围绕下面两个前提展开:我要证明什么?我该怎么证明?

12.2 文章结构模型

我们在教美国学生写作时,通常会用空间架构图来形象地说明优秀文章的结构。你也可以利用这些空间构架图更直观地了解如何组织、构建演讲的细节。下面是几个例子(见图 12-1 ~ 图 12-3)。

倒金字塔结构(见图 12-1)起初是新闻报道的标准形式。这种金字塔结构是按照故事细节的重要性排序,最顶层先是最重要的"标题"和主题(主要观点和事实),然后把各个细节依照重要性降序排列下去。这个模型也称为"5Ws1H"模型,因为故事最关键的信息要放在最前面。"5Ws"是"Who(人物)、What(事件)、When(时间)、Where(地点)和 Why(起因)","H"代表"How(经过)"。所以,如果你要做一场关于"如何做某事"或指导性的演讲时,只要先建立文章大纲、充实相关背景和 5W 的各项内容,文章便可一气呵成了。

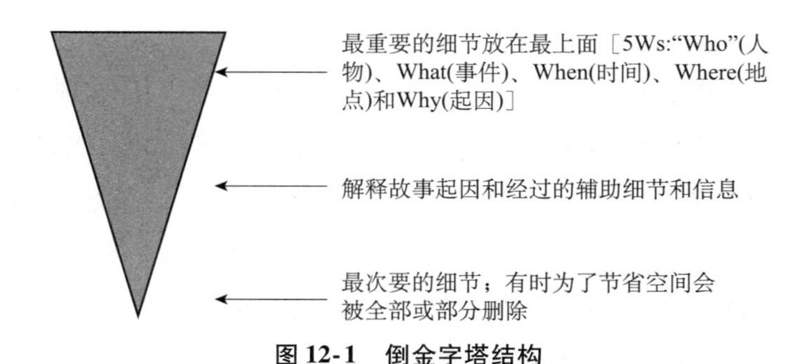

图 12-1 倒金字塔结构

当然,演讲并不是简单的新闻故事的叙述,所以你需要考虑另一种稍微不同的模式。我们将这种模式称为"重建的倒金字塔模式",这种模式能让你突出、强化结论。这种演讲的结构大概是这样的:

文学式金字塔(见图 12-2)。另一个有名的用于散文和短故事的模式也可以用在某些富有"悬疑"色彩的演讲上,那便是"文学式金字塔"。这种模式一开始便是有意思的情节、故事或"线索",而文章的主旨却是建立在诸多重要信息和论证基础之上的,并在结尾部分才呈现给大家,这对于那些坚持认真听到最后的人也是一种巨大的"回馈"。这种结构能让演讲形象生动,适用于"把精彩留在最后"的文章。比如,你想在最后再讲一个结局出人意料的小故事,或者你准备做政治演讲或宣传性的讲话。

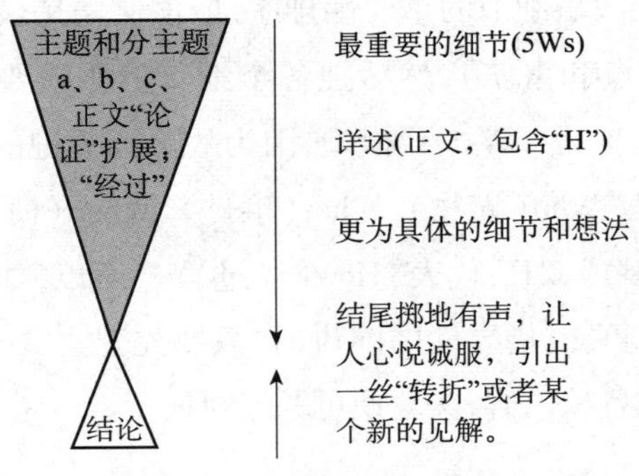

图 12-2　文学式金字塔结构

比较/对比模型(见图 12-3)。这种模式用来比较、对比两种不同的产品、景色、两本书、两场电影、两个公司,或其他任何你需要对比的对象。下面一段形象地表达了"经典"的比较/对比型文章结构,演讲也可以借鉴运用。你可以把演讲结构想象成一个"沙漏"或者高脚葡萄酒杯。

①构建大纲、主题,并描述你所比较的东西或观点

②提供相关背景、事实、数据和语境

③描述 A 项,重要主题 1

④描述 B 项,重要主题 1

⑤描述 A 项,重要主题 2

⑥描述 B 项,重要主题 2

⑦描述 A 项,重要主题 3

⑧描述 B 项,重要主题 3

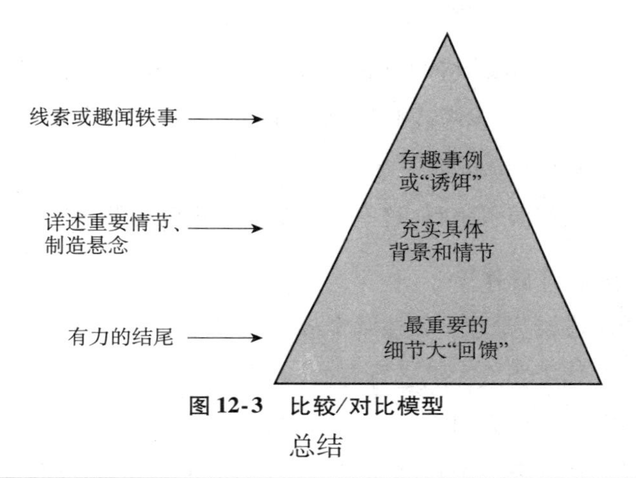

图 12-3 比较/对比模型

总结

简单的“I”格式

简单的“I”格式。这种演讲格式是信息性演讲最为简单、实用的格式。运用这种格式时,你首先要定一个大范围的主题,然后确定三个你会依次讨论(有论证)到的分论点或分主题 A、B 和 C,接下来简洁、全面地总结 A、B 和 C,结尾部分给出独到见解或有说服力的看法。

引言: 陈述主题/大纲。列出两到三个分论点(比如 A、B、C),接下来在正文中展开讨论,补充相关背景/细节。
正文: 依次讨论: 分论点(有论证) A B C
总结: 复述主题之后简要概括 A、B、C,最后得出结论或提出见解。

当然,组织一篇演讲的方式有很多,使用哪种方式主要取决于演讲材料。不达,可以参考麦克·马克尔的优秀书籍《有技巧的沟通》(*Technical Communication*)①中提到的基本模式。如果你不清楚如何更为有效地组织演讲材料,这些方法都能帮你改进演讲内容的组织。

(1)按时间顺序

一场演讲,只要它是叙述某个故事或描述某个过程的演讲,你都可以通过陈述主题或大纲进行有效的表达。首先给出线索或说一件轶事(如同文学式金字塔模式),然后按照时间顺序叙述事件、扩展内容。所讲的事件要进行严格筛选,如果时间有限并且观众注意力也不够集中,那就只选几件最重要的事情即可。

(2)按空间结构

当你在演讲中描述一个实体空间时,比如家装设计或者商业住房设计、一件艺术作品、一个工业产品,甚至某个地域空间,你都可以用有逻辑性和空间性的结构组织文章的细节,比如,从上到下、从东到西、从里到外,或者根据纬度,即2D(向量)或3D(渲染)制图进行描述,如利用CAD/CAM(计算机辅助设计/计算机辅助制造)制成机器或飞机的图形。

(3)笼统到具体

这种模型跟"I"模型最为接近,有时和重建的倒金字塔结构也类似,即先给出总体信息,然后逐层表述更为详细的信息,最后得出结论。

---

① M. 马克尔(Markel, M.)(2012年)。《有技巧的沟通》(*Technical Communication*)(第十版)。出版社:Bedford/St. Martins,波士顿。

(4) 重要性降序排列

这种模型首先列出最重要的要点,接着是略为重要的要点,再接下来是最次要的要点。比如,你要讨论引发一场自然灾害的各种因素。有些因素比另一些更重要,那么你就要按照这些因素的重要性降序来安排文章的具体内容。

(5) 比较和对比

这种情况下你有两种选择,你可以一次性讨论完某一项的所有相关因素,然后再探讨下一项内容的所有相关因素,之后依此类推。或者,你也可以在不同的内容项之间轮换,先讨论 A 项的一个因素,再讨论 B 项的一个因素(跟比较/对比模式一样),最后再得出总结。

(6) 问题-方法-解决问题

这种结构最适用于描述科学发现、竞争对手的工作、对优秀机构做案例分析,或描述某种能解决实际问题的产品。

(7) 分类和分割

这通常是一种"教学"模型,当你要描述不同类别或者详述某物的各个主要功能时可以用到。如果你要讲的内容很复杂,强烈建议用分类和分割法。当然,一篇演讲不可能通篇都只用分类或分割,它仍然需要有一个主题和观点。

(8) 因果关系

对于商业或科学演讲来说这通常是种不错的模型。比如,你可能想要探讨公司产品销售额上升或下滑的原因,或者想要说明竞争公司最近产品的变化会对你公司的市场份额产生什么样的影响。而在科学研究方面的演讲中,你也许要确认某种传染病可能的病因,并思考带来的后果,或者可以先描述后果(比如医疗诊断或传染病学案例分析的疾病),然后再回过头去确认可能的病因。

无论你组织演讲的方式如何,都要记得做一些语言、图形或点的标注,帮助观众理解、掌握演讲中最重要的信息。比如,如果你选择了问题-方法-解决问题这个模式,你可以用描述说明性文字抓住观众的注意力。请见下列例子:

"In Phase Ⅰ of our clinical trial...(在我们临床试验的第一阶段)……"

"During Step 3, we introduced...(在第三步中,我们引进了……)"

同样,你还能通过"then(然后)""next(接下来)""first(首先)""finally(最后)"这些词让观众跟上你讨论的步伐[马克尔(Markel,M.),第157页]。另外,使用简单但有效的设计图形(比如,用流程图说明按时间顺序排列的过程),这样能让观众不至于在演讲中频频走神。还有,你可能需要对一个事件、步骤或阶段做出适时的分析。比如,你要说明在一场大火或核电站爆炸中发生了什么,要一步一步讲清楚,或者通过图解和空间上的描述说明爆炸发生的地点和原因。记住,即使你文章结构组织得再好,如果你不解释事件的起因,那么也只会让听众一头雾水。他们是希望能从你那里得知事故发生的原因、责任方是谁的(如果你不确定,那么不要把责任归咎在某个人身上,告诉大家问题仍在调查中)。如果你还能谈一谈未来该如何防止类似的事故发生,那么你的演讲将更加精彩。

活动四:给一个三到五分钟的演讲选定一个话题。在对话题进行一番研究之后,确定一种最合适该演讲的结构模式。下面是一些推荐话题:

1. 做一次生物讲座,话题是有毒和可食用(无毒)蘑菇的对比。
2. 描述导致台风或超级风暴的一系列气候事件。
3. 发表一篇演讲,谈谈你选择某个大学专业的理由。
4. 做一个案例分析,说明一款软件应用是如何解决某客户的问题的。
5. 分析线上教育和校园教育的优势和劣势。
6. 如何增强你的公司的慈善部门和当地社区的联系。
7. 讨论增强海港安全的必要性。
8. 发表一篇演讲,谈谈你对于20世纪20年代建筑的修复计划。

活动一答案:主谓人称和数一致

1. Reduced stress in corporations reduces illness and absenteeism.(公司减压有助于减少员工疾病和矿工的现象。)

2. In the corporate workshop,each of the participants practices making the others laugh.(在这次企业培训中,每一位参与者都要练习如何逗乐别人。)

3. Negative comments in public are uncommon among business managers,the consultant said.(业务经理通常不会当众给出消极的评价,顾问说道。)

4. When employees or managers regularly post cartoons on the bulletin board, office spirit usually picks up.(职员和经理会定期在告示牌上出一些卡通公告,经常鼓舞着办公室员工的士气。)

5. Emmett & Associates is a consulting firm that tries to make business people laugh.(Emmett & Associates 是一个给商务人士带去欢乐的咨询公司。)

活动三答案:代词和先行词一致。(注意,如果这些例句中的孩子们包括了男孩和女孩,那么句子中的代词也可以为复数。)

1. Each of the Cray's kids brought her laundry home at Christmas.（格雷的每一个孩子都在圣诞节把脏衣服带回家洗。）（假定这对夫妇有女儿）

还可以这么说：The Cray's kids brought their laundry home.（格雷的孩子们把脏衣服带回家洗。）

2. Another debated issue is whether the child's emotional development or his intellectual development is more central.（另一个有争议的话题是究竟应该更重视这个孩子的情感发展还是他的智力发展。）（假定这个孩子是个男孩）

3. Neither the press nor scholarly journals devote much of their space to the wholeness of the child.（出版社和学术期刊很少刊登有关孩子身心健康的文章。）（离代词最近的先行词是复数）

4. Everyone on the team had her own locker.（团队里的每个人都有自己的储物柜。）（这是一个女孩的团队）

5. Almost any child will quickly astound observers with his or her capabilities.（几乎每一个孩子都能很快显露出惊人的才能。）（考虑到孩子既有可能是女孩也有可能是男孩）

活动四答案：演讲内容组织构架（注意：这些主题有可能有一个或多个有效的组织方式）

a. 分类/分割

b. 按时间顺序；因果关系

c. 重要性降序排列；因果关系

d. 问题-方法-解决问题

e. 比较/对比

f. 笼统到具体；问题-方法-解决问题

g. 重要性降序排列；因果关系；空间结构

h. 空间结构

12.3 小结

中国人如果准备英文演讲，需要有扎实的语法基础并掌握句子构成法，所以，每一位严肃认真的演讲者都应当购买一本语法和惯用法指导书，这样在写演讲稿和练习英语演讲时如果遇到问题便能及时翻阅寻找答案。

最常犯的语法错误主要包括以下方面：定冠词和不定冠词的使用、主谓一致、代词和先行词一致，以及性别代词"he and she（他和她）"的正确使用。

英语中大概有150个介词，这对于母语中极少有介词的中国人来说是个巨大的挑战。最好的掌握最常用介词的方法是分析英语演讲和作文，如果遇到介词用法方面的问题可以请教英语为母语的人士。

中国人在不确定英语的用法时，通常会弱化辅音或词尾的发音。慢慢练习每一个辅音、元音和音节的发音。录下自己的声音并在英语为母语的人面前练习，确保发音的正确。

文章结构和推论不合理或思维逻辑混乱是中西方演讲者共同面临的问题。这一章回顾了组织演讲内容的各种强大模型，包括"重建的倒金字塔""文学式"金字塔和"I"（信息性）模型。

其他帮助你重建演讲结构的模型，其中包括按时间顺序、空间结构、笼统到具体、重要性降序排列、比较/对比、问题—方法—解决问题、分类/分割、因果关系。

推荐读物

演讲

雅克兰·丁克尔和伊莉莎白·帕纳姆(Dunekel,Jacquelin,and Elizabeth Pamham)。《有效商业演说指南:发表演讲、运用视听材料、应对媒体之技巧》(*The Business Guide to Effective Speaking*: *Techniques for Making Presentations*, *Using Audio-Visuals and Dealing with the Media*)。出版社:Self Counse Press。加拿大,1984 年。侧重于视听材料的运用。

尼奇·弗兰克斯和罗伯特·W. 若兹贝利(Flacks,Niki,and Rober W. Rasberry)。《能量演说:如何运用戏剧技巧赢得观众》(*Power Talk*:*How to Use Theatre Techniques to Win Your Audience*)。出版社:Free Press,纽约,1982 年。本书侧重于公众演讲和模仿。

威廉·S. 豪威尔和厄内斯特·G. 鲍尔曼(Howell,William S. , and Ernest G. Bormann)。《商业和职场演说》(*Presentatio Speaking for Business and the Professions*)。出版社:Harper & Row,纽约,1971 年。这是一本非常棒的书,常用作大学教科书。

托马斯·利池(Leech,Thomas)。《如何准备、筹划和发表精彩演说》(*How to Prepare*,*Stage*,*and Deliver Winning Pr-esentations*)。出版社:AMA-COM。纽约,1982 年。本书详尽讲解了对演讲主题的准备。

泰瑞·C. 史密斯(Smith,Terry C.)。《发表成功的演讲:自学指南》(*Making Successful Presentations:A Self Teaching Guide*)。出版社:Wiley,纽约,1984 年。本书有专门章节对观众席位安排进行到位的讨论。

“销售人员客户关系的建立:神经语言法”(*Rapport Building by Salespeople:A Neuro-linguistic Approach*)《个人推销和销售管理杂志》(*The Journal of Personal Selling and Sales Management*),第三期,第二篇(1983 年 11 月)。本文主要讲行为方法,比如眼睛移动、身体姿势等的意义。

幽默、轶事和引用

亨利·达维多夫(Davidoff,Henry),编辑。《引用语口袋书》(*The Pocket Book of Quotations*)。出版社:Pocket Books,纽约,1952 年。

杰拉尔德·F. 李伯曼(Lieberman. Gerald F.)。《演讲者的 3500 条引用语》(*3500 Quotes for Speakers*)。出版社:Doubleday,纽约,1985 年。

赫伯特·V. 普罗克诺(Prochnow,Herbert V.),编辑。《完美的祝酒司仪》(*The Complete Toastmaster*)。出版社:Prentice-Hall。新泽西恩格尔伍德克里夫斯,1976 年。

赫伯特·V. 普罗克诺和小赫伯特·V. 罗克诺(Proch-now,Herbert V. and Herbert V. Prochnow Jr.)。《万能引用语百宝箱》(*A Treasure Chest of Quotations for All Occasions*)。出版社:Harper & Row。纽约,1983 年。

威廉·H. 罗伊兰斯(Roylance, William H.)。《“我本该说的”:辱骂、贬损、自夸、赞扬、妙语、俏皮话、反驳和即兴表演的宝库》(“*I*

Should Said...";*A Treasury of Insults, Put-downs, Boasts, Praises, Witticisms, Wlsecracks, Comebacks, and Ad Libs.*)。出版社:Parker Publishing。纽约西奈阿克,1973 年。

詹姆斯·苏德兰(Sutherland, James),编辑。《牛津文坛掌故》(*The Oxford Book of Literary Anecdotes*)。出版社:Pocket Books。纽约,1975 年。

尼古拉斯·斯立邓可和哈维·瓦瑟曼(Swrydenko, Nicholas, and Harvey Wasserman),编辑。《事实录》(*The Book of Facts*)。出版社:Dell。纽约,1979 年。

语言、语法、习惯用法

瓦尔特·S. 阿维斯,J. W. 阔德,麦克·D. 穆尔(Avis, Walter S., J. W. Corder, Michael D. Moore)。《当代英语手册》(*Handbook of Current English*),加拿大第二版。出版社:Gage。多伦多,1983 年。

托马斯·Y. 克罗韦尔(Crowell. Thomas Y.)。《公众演讲雄辩术:如何点燃语言的激情》(*Eloquence in Public Speaking: How to Set Your Words on Fire*)。出版社:Prentice - Hall。新泽西州恩格尔伍德克里夫斯,1961 年。

提奥·E. G. 卡腾(Cutten, Theo. E. G.)。《为什么不能是英语?》(*Why Can't the English?*)。出版社:Huge Heartland Pub.。丹佛,1971 年。

厄内斯特·高尔斯先生(Gowers, Sir Ernest)。《完全简明语言》(*The Complete Plain Words*)。出版社:Penguin。哈蒙德斯沃斯,1962 年。

威廉·萨菲尔(Safre. William)。《论语言》(*On Language*)。出版社:Times Books。纽约,1980 年。

劳伦斯·厄当(Urdang. Laurence)。《纽约时报中易被读者误解、误读词词典》(*The New York Times Everyday Reader's Dictionary of Misunderstood Mispronounced Words*)。纽约:1972 年。

表演

斯坦利·L. 格列(Glenn,Stanley L.)。《纯粹的演员》(*The Complete Actor*)。出版社:Allyn & Bacon。波士顿,1977 年。

马克辛·克莱恩(Klein,Maxine)。《演员的时间、空间和设计》(*Time,Space and Designs for Actors*)。出版社:Houghton Mifflin。波士顿,1975 年。

理查德 . D. 帕克斯(Parks,Richard D.)。《如何克服怯场》(*How to Over Come Stage Fright*)。出版社:E. P. Press。加州弗利蒙特,1979 年。

雷蒙德·里佐(Rizzo,Raymond)。《完整的演员》(*The Total Actor*)。出版社:Bobbs - Merril。印第安纳波利斯,1975 年。

雅典娜·赛勒和斯蒂芬·哈格德(Seyler,Athene,and Stephen Haggard)。《喜剧的工艺》(*The Craft of Comedy*)。出版社:Theatre Arts Books。纽约,1974 年。

服装

查尔斯·希克斯(Hix, Charles)。《悦目》(*Looking Good*)。出版

社:Haw-thome。纽约,1977 年。

约翰 · T. 莫洛伊(Molloy, John T.)。《穿出成功》(*Dress for Success*)。出版社:Peter H. Syden。纽约,1975 年。

威廉 · 索尔比(Thourlby, William)。《风度何来》(*You Are What You Wear*)。出版社:New American Library。纽约,1980 年。

声音和演讲

西塞莉 · 贝瑞(Berry, Cicely)。《声音与演员》(*Voice and the Actor*)。出版社:Harrap。伦敦,1973 年。

亚瑟 · 勒萨克(Lessac, Arthur)。《人类声音的运用和训练》(*The Use and Training of the Human Voice*)。出版社:Drama Book Specialists。纽约,1967 年。

克里斯汀 · 林克雷特(Linklater, Kristin)。《释放自然之声》(*Freeing the Natural Voice*)。出版社:Drama Book Specialists。纽约,1976 年。

肢体动作

詹姆斯 · 彭路德(Penrod, James)。《表演艺术家的动作》(*Movements for the Performing Artists*)。National Press Books。加州帕罗奥图,1974 年。

露西尔 · 鲁宾等(Rubin, Lucille, et. al)。《演员的动作》(*Movement for the Actor*)。出版社:Drama Book Specialists。纽约,1980 年。

鸣　谢

感谢以下各位在《魅力商业演讲》的演示章节中担当“模特”：

Chan Cheng Tak

Jeff Chen

Hong Yu

Phuntsho Choden

Kevin Cureau

Chandi Raj Dahal

Sushmita Dawadi

Cynthia Dong Yi

Joy Dong

Qiu Yi

Zantai

Gao Fei

Chahana Sigdel

Yaruunaa Oyunbazar

Gregory Taylor

Deepa Woli

Nomi Wong

Lu Ying

感谢摄影师 A. J. Libunao。